알기 쉽게
해설한
데이터 모델링

아이리포 블로그 https://blog.naver.com/ilifo_book
아이리포 카페 https://cafe.naver.com/ilifobooks
··→ ERgrin 설치파일(커뮤니티 버전)을 내려받을 수 있습니다(부록 참조).
··→ 블로그에서 데이터 모델링에 관한 최신 정보, 유용한 내용을 포스팅하겠습니다.

알기 쉽게 해설한 데이터 모델링
: 실습 시나리오와 모델링 프로젝트 사례까지

초판 1쇄 발행 2025년 4월 1일

지은이 홍민영 / **펴낸이** 이동철
펴낸곳 (주)아이리포 / **주소** 서울시 마포구 월드컵북로 396 누리꿈스퀘어 비즈니스타워 8층
전화 02-6356-0182 / **팩스** 070-4755-3619
등록 2020년 12월 23일 제 2020-000352호 / ISBN 979-11-93747-05-6 / 93000

기획 / 편집 송성근 **표지 / 내지디자인 / 조판** 로아스 **삽화** 송연재

이 책에 대한 의견이나 오탈자 및 잘못된 내용에 대한 수정 정보는 (주)아이리포의 카페나 아래 이메일로 알려주십시오.
잘못된 책은 구입하신 서점에서 교환해 드립니다. 책값은 뒤표지에 표시되어 있습니다.
아이리포 블로그 https://blog.naver.com/ilifo_book
아이리포 카페 https://cafe.naver.com/ilifobooks / **이메일** books@ilifo.kr

Published by ILIFO, Inc. Printed in Korea
Copyright © 2025 홍민영 & ILIFO, Inc.
이 책의 저작권은 홍민영과 (주)아이리포에 있습니다.
저작권법에 의해 보호를 받는 저작물이므로 무단 복제 및 무단 전재를 금합니다.

지금 하지 않으면 할 수 없는 일이 있습니다.
책으로 펴내고 싶은 아이디어나 원고를 메일(books@ilifo.kr)로 보내주세요
(주)아이리포는 여러분의 소중한 경험과 지식을 기다리고 있습니다.

알기 쉽게
해설한
데이터 모델링

실습 시나리오와 모델링 프로젝트 사례까지　홍민영 지음

아이리포

추천의 글

IT 기반의 서비스들에 있어 데이터는 서비스의 근간을 구성하는 핵심 요소라 할 수 있습니다. 사용자 경험을 잘 반영한 유려한 인터페이스, 신속하고 정확한 작업 처리 성능, 그리고 보안 등은 효율적이고 일관성 있는 데이터 모델이 있어야만 가능하며, 이는 급속한 IT 서비스의 발전 속에서 데이터 모델링이 여전히 중요한 위치를 차지하는 이유라고 할 수 있습니다.

고품질의 데이터 모델을 구축하기 위해서는 도메인에 대한 풍부한 지식과 함께 데이터 모델을 체계적으로 설계하는 능력이 필수적으로 요구됩니다. 본 도서는 데이터 모델링을 위한 기초적인 지식에서부터 다양한 모델링 방법을 세세하게 설명해주고 있으며, 특히 실무 수준의 예를 통해 독자에게 실용적인 데이터 모델링 방법을 잘 보여주고 있습니다. 데이터 모델링의 절차, 핵심 개념 및 방법 등을 자세한 설명과 더불어 잘 정리된 모델, 그림 및 표로 제공하고 있으며, 실제 프로젝트 수준의 예에 적용하는 과정을 통해 이론적인 지식에서 실무에 활용할 수 있는 능력으로의 확장을 자연스럽게 유도하고 있습니다.

더불어 개발자 뿐 아니라 비즈니스 사용자 및 시스템 관리자가 데이터 모델을 바라보는 관점, 그리고 NoSQL, OLAP, 그리고 마이크로 서비스 등 데이터 모델과 관련된 다양한 주제들을 소개하고 있어 데이터 모델링 전반에 걸친 시야의 폭을 넓힐 수 있는 기반을 제공하고 있습니다. 내용의 구성 면에서도 모델링 절차 및 핵심 주제 별로 명확히 잘 구분되어 있어 데이터 모델링에 대한 체계적인 접근에 도움을 줄 것입니다.

본 도서가 데이터베이스에 대한 기초 지식을 확장하여 실무의 데이터 모델링을 접해보고자 하는 대학생은 물론, 데이터 모델링에 대한 지식을 체계화하여 업무에 적용하고자 하는 실무자에게 좋은 길잡이가 되어주길 기대해봅니다.

_최윤석, 동덕여자대학교 컴퓨터전공 교수

추천의 글

DX(Digital Transformation)와 AX(AI Transformation)가 가속화되는 시대에, 데이터는 단순한 기록이 아니라 기업의 경쟁력을 결정짓는 핵심 자산입니다. 이러한 환경에서 데이터를 효과적으로 구조화하고 활용하기 위해서는 체계적인 데이터 모델링이 필수적입니다. 방대한 데이터를 단순히 저장하는 것을 넘어, 의미 있고 활용 가능한 형태로 조직하는 과정이 바로 데이터 모델링입니다. 하지만 이 과정은 단순한 기술적 작업이 아니라, 비즈니스의 본질을 이해하고 최적의 데이터 구조를 설계하는 전략적 사고가 필요합니다.

이 책은 데이터 모델링의 기본 개념부터 실무 적용이 필요한 핵심 기법까지 체계적으로 정리하여, 데이터 모델링이 왜 중요한지, 그리고 어떻게 하면 효과적인 데이터 모델을 설계할 수 있는지에 대한 명확한 가이드를 제공합니다. 관계형 데이터베이스, NoSQL, OLAP까지 폭넓은 주제를 다루고 있어, 급변하는 데이터 환경에서도 탄탄한 모델링 기반을 익힐 수 있도록 도와줍니다. 특히, 단순한 이론 전달을 넘어 실무에서 마주치는 다양한 사례와 문제 해결 방안을 구체적으로 제시하여, 실제 프로젝트에서 실질적으로 활용할 수 있는 노하우를 습득할 수 있도록 구성되어 있습니다.

이 책은 데이터 모델링을 처음 접하는 초보자부터 데이터 아키텍트, 데이터 엔지니어, 분석가, 개발자, 그리고 IT 전략을 수립하는 관리자까지, 다양한 수준의 독자가 실질적인 인사이트를 얻고 활용할 수 있도록 구성되었습니다. 단순히 스키마 설계에 대한 기술적 접근을 넘어, 비즈니스 요구 사항을 효과적으로 분석하고 이를 데이터 모델로 전환하는 실질적인 방법론을 지시함으로써, 이론과 실무를 아우르는 균형 잡힌 학습을 가능하게 합니다. 효과적인 데이터 모델링이야말로 이를 가치 있게 만드는 첫걸음이며, 이 책이 그 여정을 함께할 든든한 동반자가 될 것입니다.

데이터 모델링을 깊이 있게 이해하고, 실무에서 강력한 데이터 구조를 설계하고자 하는 모든 이들에게 이 책을 추천합니다.

_김태우, LG CNS Cloud DA팀 팀장

지은이 글

데이터는 단순히 과거의 거래 내역을 기록하는 역할을 넘어 기업의 핵심 자산이라고 할 수 있습니다. 일상생활에서 각종 금융거래나 공공기관의 기록 뿐만 아니라 SNS의 주고 받은 메시지, 시스템의 로그 등 활용해야 하는 데이터의 범위는 점점 더 넓어지고 있습니다. 데이터의 중요성이 커짐에 따라 데이터를 조직화해서 효율적으로 구성하기 위한 데이터 모델링의 필요성도 함께 증가하고 있습니다.

기존 관계형 데이터베이스에서 데이터를 모델링하기 위한 기술은 상당히 오래 전에 발표되었고 숙성되었습니다. 다만, 실제 프로젝트나 시스템 개발 과정에서 이를 적용하는 것은 교과서에 나오는 얘기로 치부되고 있던 것도 사실입니다. 많은 데이터 모델링 관련 서적들이 관계형 데이터 모델의 정규화와 관련된 부분에 집중해서 설명하는 반면 실제 프로젝트에서는 데이터베이스의 성능을 위한 반정규화, 테이블과 컬럼의 명명규칙의 표준화, 코드값의 관리 등 세세한 부분을 통제하며 관리합니다.

이 책에서는 데이터베이스를 설계하기 위한 다양한 요소를 조금씩이라도 소개하고 실제 프로젝트의 사례를 소개하려고 노력했습니다. 데이터를 저장하고 조회하기 위해 사용하던 단순한 기술에서 데이터를 분석하기 위한 OLAP 처리와 최근 많이 사용되고 있는 NoSQL에 대한 부분도 소개하도록 노력했습니다. 사례연구를 통해 실제 프로젝트에서 마주칠 수 있는 다양한 유형들을 소개하여 실무에서 참고하실 수 있을 것으로 생각합니다.

끝으로 오랜 기간 동안 컴퓨터 속에 잠자고 있던 파편적인 사례들을 정리할 수 있는 기회를 주신 이춘식 대표님께 감사드립니다. 책을 쓰느라 같이 있어주지 못해 항상 미안한 태리에게도 이 기회에 미안한 마음과 고마움을 같이 전합니다.

_2025. 4. 홍민영

목차

Chapter 1   데이터베이스 이해   011

    1.1 데이터베이스와 데이터베이스 관리시스템   012
    1.2 데이터베이스 관리시스템   016

Chapter 2   데이터 모델   023

    2.1 데이터 모델 정의   024
    2.2 데이터 모델 관련 용어   025
    2.3 데이터 모델에 대한 다양한 관점   027
    2.4 데이터 모델링 절차   029

Chapter 3   데이터 모델링(1)   033

    3.1 개체(Entity) 정의   034
    3.2 식별자 정의   053
    3.3 관계 정의   062

Chapter 4   데이터 모델링(2)   077

    4.1 세부 조정   078
    4.2 데이터 모델 검토   105
    4.3 데이터베이스 생성   107
    4.4 데이터베이스 변경관리   115

Chapter 5   데이터 모델과 관련된 보충 주제   119

    5.1 OLAP   120
    5.2 주제영역   122
    5.3 마이크로 서비스와 데이터 모델   124

Chapter 6   실습사례   127

    6.1 실습 시나리오   128
    6.2 데이터 모델링 실습   130

목차

Chapter 7 **NoSQL 데이터베이스 모델링** 137

7.1 MongoDB와 관계형 데이터베이스의 차이 138
7.2 MongoDB 데이터 구조 139
7.3 MongoDB 데이터 모델링 145

Chapter 8 **사례연구** 149

8.1 속성 정의 150
- 사례 1 속성 명칭과 컬럼 명칭의 불일치성 150
- 사례 2 동일 속성에 대한 데이터 타입과 크기로 컬럼에 대한 무결성 저하 151

8.2 개체 도출 154
- 사례 3 명확하지 않은 개체 명칭 155
- 사례 4 이력 데이터 누락 156
- 사례 5 관계가 불필요한 개체 도출 158
- 사례 6 동일 속성 반복적 출현(1차 정규화 대상) 160
- 사례 7 PK에 대해 일반 속성 부분 종속성 발생(2차 정규화 대상) 161
- 사례 8 PK 구성 컬럼의 수가 많아 조인 조건이 복잡해짐 163
- 사례 9 개체 사이의 PK 구성순서가 달라 조인 시 성능저하 발생 164
- 사례 10 이력 데이터 관리 시 시작/종료일자 관리 미비로 불필요한 로직 처리 166

8.3 개체 사이의 관계 168
- 사례 11 1:M 관계에 대해서 하위 개체의 Key가 상위 개체와 동일 168
- 사례 12 계층구조를 표현하기 위한 관계 169
- 사례 13 데이터 발생순서와 관계 설정이 배치되는 문제 172
- 사례 14 복합키의 다가종속성 문제 175
- 사례 15 N-Ary 관계 발생 177
- 사례 16 유사 성격의 개체에 대해 슈퍼/서브타입 관계를 표현하지 않음 178

Appendix **ERgrin 설치 및 실행 가이드** 181

Chapter 1
데이터베이스 이해

목 표

- 데이터베이스와 데이터베이스 관리시스템의 차이에 더해서 설명합니다.
- 데이터베이스는 데이터를 저장하는 개념적이고 논리적인 저장소이며, 데이터베이스 관리시스템은 데이터베이스를 관리하기 위해 필요한 다양한 기능을 제공하는 소프트웨어입니다.
- 데이터베이스는 내부에서 데이터를 구성하는 방식에 따라 구분할 수 있습니다. 데이터베이스의 종류에 대해서 살펴봅니다.

1.1 데이터베이스와 데이터베이스 관리시스템

데이터베이스는 비즈니스에서 필요하고, 관리해야 하는 데이터를 영구적인 저장장치에 보관하고 있는 물리적인 데이터 저장소입니다. 데이터베이스는 데이터를 저장하기 위해 일정한 구조화된 방법을 제공합니다. 과거에 많이 사용하던 구조로 계층형 데이터베이스와 네트워크형 데이터베이스가 있었지만 최근에는 거의 사용하고 있지 않습니다. 많이 사용되는 데이터베이스는 관계형 데이터베이스와 NoSQL 데이터베이스입니다.

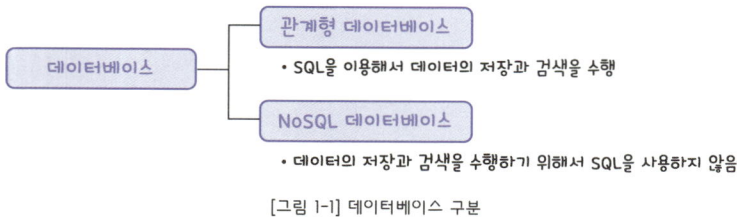

[그림 1-1] 데이터베이스 구분

1.1.1 관계형 데이터베이스

관계형 데이터베이스는 데이터베이스가 구성되는 정보의 단위인 개체들을 서로 연관 있는 개체들 사이의 관계를 이용해서 대등하게 결합된 데이터들로

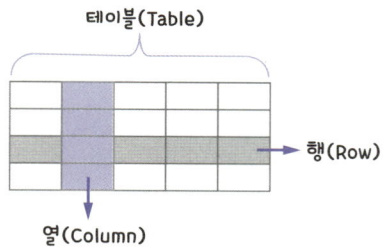

[그림 1-2] 관계형 데이터베이스의 데이터 표현

구성하며, 엑셀과 같이 행(Row)과 열(Column)로 이루어진 표(Table) 형태로 데이터를 관리하는 데이터베이스입니다. 개체의 관련성을 효과적으로 표현할 수 있으며, 구조가 간단해서 이해하기 쉽다는 장점을 가지고 있습니다.

개체들 사이의 관계를 이용한 데이터의 조합이 간편하기 때문에 각 개체의 구조와 관계없이 SQL을 통해 사용자의 관점과 필요에 따라 자유롭게 데이터를 추출할 수 있습니다. 사용자 관점의 데이터와 데이터베이스에 저장된 구조 사이에 매핑이 용이하게 때문에 데이터와 애플리케이션 사이에 일정한 독립성을 가질 수 있습니다. 다만, 필요한 데이터를 저장하고 관리하기 위해서는 사용하기 이전에 미리 데이터의 구조를 선언해주어야 합니다. 데이터베이스를 생성하기 전에 데이터 모델링 과정을 진행해서 데이터 구조를 사전에 정의해야 하는 이유입니다. 정형화된 화면이나 보고서의 양식을 손쉽게 반영할 수 있기 때문에 기업이나 조직에서 관리하고자 하는 데이터를 저장하고 관리하기에 적합한 데이터베이스입니다.

[표 1-1] 관계형 데이터베이스 특징

데이터 독립성 유지	데이터와 애플리케이션을 분리하여 데이터의 구조가 변경되더라도 애플리케이션의 영향을 최소화
데이터 무결성 유지	데이터베이스 내의 데이터에 대한 제약조건으로 결함없이 안정적으로 존재하는 특성
데이터 중복성 감소	중복해서 발생하는 데이터 항목은 정규화 과정을 통해 감소하는 것이 가능
데이터 불일치성 감소	무결성의 유지와 중복성의 감소로 특정 시점에 같은 값을 가져야 하는 데이터가 다른 값을 가지게 되는 것을 방지
데이터 공유의 편의	여러 사용자가 잘 정의된 인터페이스(SQL)를 통해 동시에 사용 가능

1.1.2 NoSQL 데이터베이스

관계형 데이터베이스가 아닌 데이터베이스를 통칭해서 NoSQL이라고 합니다. 인터넷을 통해서 제공되는 다양한 서비스 중에서 관계형 데이터베이스로 처리하기에 적합하지 않은 영역이 생겨났습니다. 정보검색(IR: Information Retrieve), SNS 등의 서비스는 엄격한 트랜잭션 처리를 필요로 하지 않으며, 병렬처리를 통한 분산처리를 전제로 하고 있습니다. Eric Brewer 교수가 발표한 CAP 분산 컴퓨팅 이론은, '분산 컴퓨팅 환경은 일관성(Consistency), 가용성(Availability), 분할 허용성(Partition Tolerance)의 세 가지 속성 중 두 가지만 만족시킬 수 있다'는 것입니다.

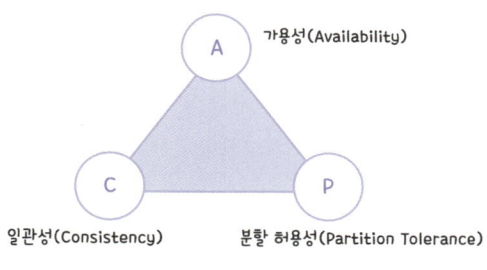

[그림 1-3] CAP 이론

NoSQL 데이터베이스는 관계형 데이터베이스와 같은 단일한 데이터 구조를 가지고 있지 않고 다양한 데이터 저장방식을 가지고 있습니다. NoSQL 데이터베이스의 특징을 간단히 보겠습니다.

[표 1-2] NoSQL 데이터베이스 특징

테이블 사이의 관계를 정의하지 않음	관계형 데이터베이스와 달리 테이블 사이의 관계를 정의하지 않는다. 따라서 두 개 이상의 개체를 조인해서 새로운 데이터셋을 만들지 못한다.

대용량 데이터 처리	관계형 데이터베이스에 비해 대용량의 데이터를 처리할 수 있다.
병렬처리 지원	분산형 구조로 병렬처리를 지원할 수 있다.
스키마를 가지지 않음	고정된 데이터 스키마를 가지지 않는다. 따라서 데이터베이스를 생성하기 전에 데이터 모델을 통한 스키마를 정의할 수 없다.

많이 사용하는 NoSQL 데이터베이스는 몇 가지가 있습니다.

[표 1-3] NoSQL 데이터베이스 유형

키-값 데이터베이스 (Key-Value DB)	키는 유일한 고유값을 가지고 있다. 값은 모든 데이터 타입을 허용한다. 데이터 간 조인을 허용하지 않는다.
문서 데이터베이스 (Document DB)	값을 JSON, XML 등의 문서로 저장한다. 값을 저장하기 전에 스키마를 별도로 정의하지 않으며, 문서 자체가 스키마가 된다. 각 문서별로 다른 필드를 가질 수 있기 때문에 개발자가 처리를 해줘야 한다.
와이드 컬럼 데이터베이스 (Wide Column DB)	관계형 데이터베이스와 같이 행과 열로 스키마를 정의한다. 미리 정의된 스키마를 사용하지 않고 원하는 시점에 열을 추가할 수 있다. 컬럼 수가 많으면 관련된 컬럼을 묶어서 컬럼 패밀리를 만들 수 있다.

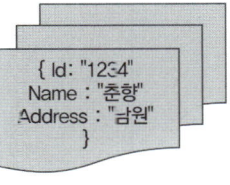

[그림 1-4] NoSQL 데이터베이스의 데이터 저장방식

NoSQL은 관계형 데이터베이스와 달리 데이터 구조에 대해서 사전에 선언하지 않고 사용하는 것이 가능합니다. 따라서 데이터 구조에 대한 데이터 모델링 과정을 거치지 않습니다. 그리고 기본적으로 분산형 시스템 구조로 구성합니다. 이런 분산 구조 때문에 스케일 업보다는 스케일 아웃 방식으로 수평적으로 시스템을 확장시키는 구조입니다. NoSQL의 특징은 CAP(Consistency, Availability, Partition Tolerance) 이론으로 대표됩니다.

1.2 데이터베이스 관리시스템

1.2.1 데이터베이스 관리시스템 의미

데이터베이스 관리시스템(DBMS: Database Management System)은 데이터베이스와 관련된 데이터를 구성하고, 유지하며 사용자들의 접근권한과 사용에 대한 관리 및 데이터의 보안을 담당하는 소프트웨어입니다. 데이터베이스는 특정 비즈니스의 목적을 달성하기 위한 정보가 구조화된 저장소인 반면, 데이터베이스 관리시스템은 데이터베이스를 운영 관리하기 위한 소프트웨어입니다.

"오라클 데이터베이스 또는 MySQL 데이터베이스를 사용한다."

는 의미를 잘못 표현하고 있는 문장입니다.

"인사 데이터베이스를 MySQL 데이터베이스 관리시스템을 사용해서 관리하고 있다."

라고 하는 것이 정확한 표현이라고 할 수 있습니다. 데이터베이스 관리시스템은 채택하고 있는 데이터 관리 구조를 지원하는 각각의 솔루션들이 있습니다.

[표 1-4] 데이터베이스 관리시스템 제품 목록

관계형 데이터베이스 관리시스템	NoSQL 데이터베이스 관리시스템		
Oracle MS SQL Server MySQL MariaDB	Key-Value DB	Document DB	Wide Column DB
	Redis AWS DynamoDB	MongoDB CouchDB	HBase Cassandra

[그림 1-5] 데이터베이스 관리시스템 제품

1.2.2 데이터베이스 관리시스템 기능

데이터베이스 관리시스템은 데이터베이스 관리를 위한 다양한 기능을 갖고 있습니다. 데이터베이스 관리시스템은 데이터베이스와 사용자 또는 데이터베이스와 애플리케이션을 연결해주는 역할을 담당합니다. 이를 위해서 다양한 프로그래밍 언어에서 데이터베이스를 연결하기 위한 라이브러리를 제공합니다.

데이터베이스의 데이터를 조작하거나 조회하기 위한 기능을 제공합니다. 이 기능은 SQL을 통해서 처리할 수 있습니다. 데이터 조작 시 데이터 무결성을 보장하기 위한 트랜잭션 제어와 조회, 데이터 구조를 정의할 수 있는 기능 또한 SQL을 통해서 제공됩니다.

① 데이터 정의
데이터 구조를 선언해서 데이터베이스에 테이블 등의 데이터베이스 객체를 생성하는 기능입니다. 데이터베이스에 데이터를 저장하기 위해서는 데이터를 정의하는 과정을 먼저 거쳐야 합니다.

② 데이터 제어
데이터베이스에 권한을 부여하거나, 데이터의 변경사항을 최종 확정하는 기능을 담당합니다.

③ 데이터 조작
데이터를 등록하거나, 이미 등록된 데이터를 변경 또는 삭제하는 기능을 제공합니다. 데이터를 조작할 때는 트랜잭션이 보장되어야 합니다.

④ 데이터 조회
테이블에서 특정 조건에 해당하는 데이터를 필터링해서 필요한 데이터를 뽑아내는 기능을 제공합니다. 관계형 데이터베이스의 경우 필요한 여러 테이블을 조합해서 필요한 데이터셋을 만들 수 있는 기능을 제공하고 있습니다.

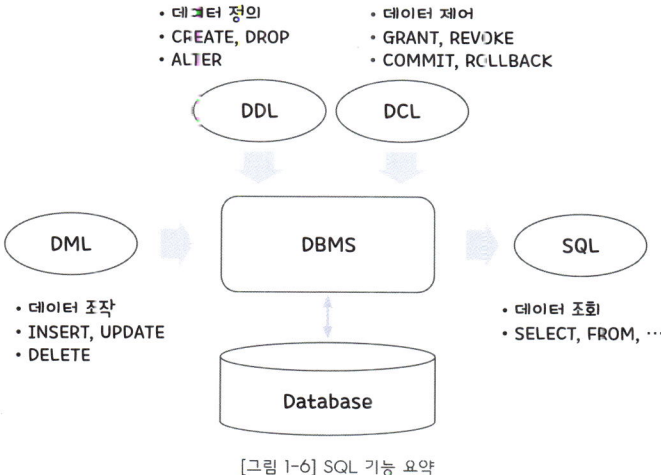

[그림 1-6] SQL 기능 요약

　　데이터베이스의 사용자는 물리적인 저장방식에 대해서는 고려하지 않고 데이터에 접근합니다. 데이터베이스 관리시스템은 영구 저장장치인 디스크나 SSD에 접근하는 다양한 방식을 제공해서 사용자가 이를 인지하지 못하도록 처리해주는 기능을 제공합니다.

　　이외에 부수적인 기능으로 사용자의 권한 제어, 데이터베이스의 백업 기능들을 제공합니다. 다음 [그림 1-7]은 MySQL의 구조입니다. 프로그래밍 언어와 인터페이스 기능이 있고, 애플리케이션에서 전달받은 SQL문을 처리하는 레이어가 있습니다. 이 레이어에서 SQL문을 해석하고 처리하는 기능을 담당합니다. 그 아래 레이어는 저장장치를 관리하는 계층입니다.

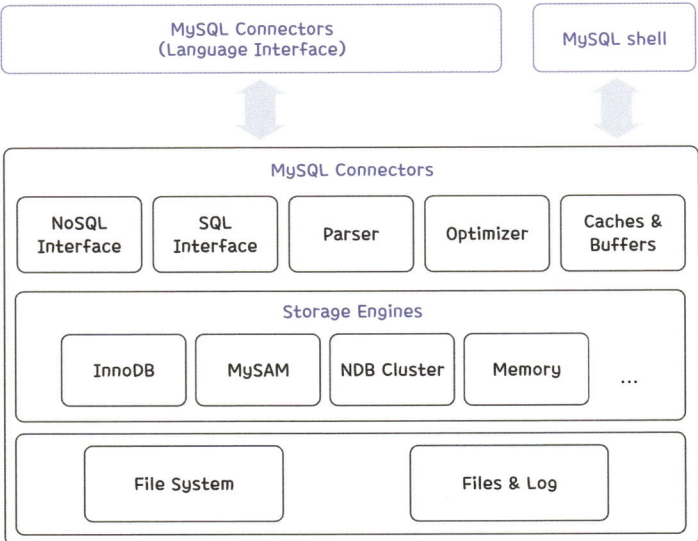

[그림 1-7] 데이터베이스 관리시스템 MySQL 아키텍처

1.3 정리

① 데이터베이스

- 비즈니스에서 필요하고 관리해야 하는 데이터를 저장하고 있는 데이터 저장소
- 관계형 데이터베이스, NoSQL 데이터베이스 두 가지 유형이 있음
  - ㄴ 관계형 데이터베이스: 행과 열로 이루어진 테이블 형태로 데이터 구조를 관리하며, 데이터에 대한 접근은 SQL을 통해서 처리함
  - ㄴ NoSQL 데이터베이스: SQL을 사용하지 않는 데이터베이스 전반을 의미하며, 목적에 따라 다양한 데이터 구조를 사용함

② 데이터베이스 관리시스템에서 제공해야 하는 기능
- 데이터 정의: 데이터베이스의 구조를 사전에 선언하는 기능으로 관계형 데이터베이스에서는 제공하지만, NoSQL은 선언 기능이 줄여됨
- 데이터 제어: 트랜잭션을 조절하고, 권한 관리를 하는 기능
- 데이터 조작: 데이터베이스에 데이터를 입력, 수정, 삭제하는 기능
- 데이터 조회: 데이터베이스에 저장된 데이터를 검색하는 기능

Chapter 2
데이터 모델

목표

- 관계형 데이터베이스에서 관리하는 데이터의 구조를 정의하는 데이터 모델에 대한 개념을 설명합니다.
- 데이터 모델에 대해서는 다양한 이해관계자의 관점이 존재하기 때문에 이에 대해 살펴보고, 데이터 모델의 구성요소와 작업 진행 절차를 살펴봅니다.

2.1 데이터 모델 정의

데이터 모델은 기업이 필요로 하는 데이터의 구조를 개체와 관계를 중심으로 명확하고 체계적으로 정의하고, 이해하기 쉽도록 표현한 것입니다. 데이터 모델에 대한 다양한 정의를 살펴보면, 공통적인 부분은 '관리하고자 하는 중요한 사물 또는 개념과 그 사이의 관계를 정의하는 것'이라고 할 수 있습니다.

① 관리하고자 하는 유용한 정보와 그 관계를 정의하고 형상화한 것
 Data Modeling & Database Design, Oracle

② 기업에 존재하는 중요한 사물과 그 사물들 사이의 관계를 정의한 것
Data Model Patterns, David C. Hay

③ 업무영역 분석 단계에서 정보시스템에 포함되는 데이터와 관련된 개체 관계도를 정규화 과정을 통해 도식화한 것
Information Engineering Vol. II, James Martin

　　데이터 모델은 개체(Entity), 속성(Attribute), 관계(Relationship)라는 세 가지 표기법으로 정보를 표현합니다. 개체, 속성, 관계 이 세 가지를 데이터 모델의 3요소라고 합니다. 여기에 식별자(Identifier)를 더해서 데이터 모델의 4요소라고 설명하는 사례도 있습니다. 다음 그림에서 간단한 데이터 모델에서 데이터 모델을 구성하는 요소를 확인하실 수 있습니다.

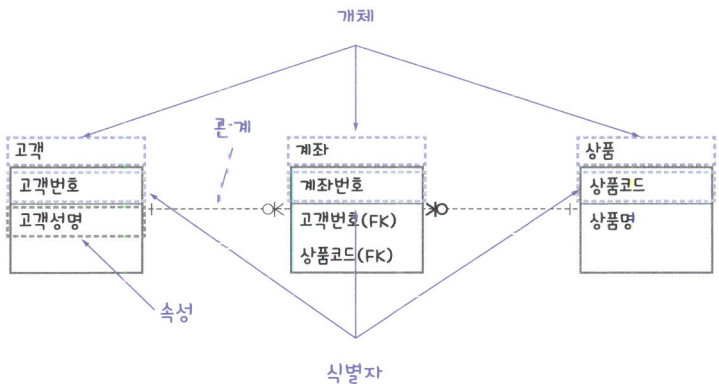

[그림 2-1] 데이터 모델의 구성요소

> **참고**
>
> 흔히 데이터 모델을 개체관계도(ERD, Entity-Relationship Diagram)라고 합니다. 관계형 데이터베이스를 처음 IBM에서 개발했을 때는 다이어그램 형태로 데이터를 표현하는 방법이 없습니다. 다이어그램 형태의 도형으로 데이터를 표현하는 방법은 1976년에 Peter Chen이 발표한 논문(https://dl.acm.org/doi/10.1145/320434.320440)에서 시작되었습니다. 다양한 데이터 모델링 도구들이 개발되었고 독자적인 표기법을 사용하지만, 개체, 속성, 그리고 개체들의 관계라는 표현 방법은 Peter Chen으로부터 시작되었습니다.

2.2 데이터 모델 관련 용어

데이터 모델과 관련된 용어들이 있습니다. 데이터를 바라보는 관점 또는 데이터 모델링이 진행되는 시점에 따라 동일 대상을 다른 표현으로 사용하는 경우도 있습니다.

[표 2-1] 데이터 모델 관련 용어

용어	설명
데이터베이스	비즈니스에서 필요하고, 관리해야 하는 데이터를 저장하고 있는 저장소
데이터베이스 관리시스템	데이터베이스를 관리하기 위한 소프트웨어
데이터 모델	데이터베이스의 데이터 구조를 표현한 것으로 다른 말로 ERD라고도 함
개체(Entity)	개체는 비즈니스의 관심 대상이 되는 정보를 가지고 있거나, 그에 대한 정보를 알아야 하는 유형, 무형의 사물이나 행위의 어떤 것
인스턴스(Instance)	개체에 소속된 개별적인 데이터
속성(Attribute)	개체를 설명하는 개별 항목으로 각각의 데이터 항목
관계(Relationship)	두 개의 개체에 대한 연결관계
주식별자 (Primary Identifier)	개체에 소속된 개별 인스턴스를 식별하는 구분자
외부식별자 (Foreign Identifier)	타 개체로부터 연결된 관계에 의해서 받아온 식별자
대체식별자 (Alternate Identifier)	개체에 소속된 속성 중 주식별자는 아니지만 개별 인스턴스를 식별할 수 있는 구분자
테이블	논리 모델의 개체를 물리적으로 데이터베이스에 생성해서 데이터를 저장하는 데 사용되는 구조
컬럼	속성이 물리 모델로 전환되어 데이터베이스에 생성된 구조
도메인	속성의 데이터 타입과 길이 등 허용가능한 데이터값의 범위를 분류하고 그룹화해서 정의한 사용자정의 데이터 타입

2.3 데이터 모델에 대한 다양한 관점

데이터나 데이터베이스에 대한 역할에 따라 다양한 관점이 존재합니다.

① 데이터를 사용해서 비즈니스나 서비스를 사용하는 사람의 관점
데이터베이스에 있는 데이터를 이용해서 실제 비즈니스를 처리하는 사용자의 입장에서는 자신의 비즈니스 역할에 따라 한정적인 데이터만 바라보게 됩니다. 인사부서는 직원들의 채용부터 퇴사까지 관련된 데이터에 집중합니다. 영업부서는 고객의 명단과 판매하는 상품 그리고 매출액에 집중합니다.

② 데이터를 활용할 수 있도록 서비스를 개발하는 개발자의 관점
데이터베이스의 구조를 설계하는 개발자 또는 데이터 모델러는 각각의 사용자가 필요로 하는 데이터를 일정한 표기법과 기준에 따라 표현합니다. 또한 각 사용자가 바라보는 데이터에 중복되는 부분이 있다면 이에 대한 통합과 중복제거를 고려합니다.

③ 데이터를 보호하고 관리하는 시스템 관리자의 관점
DBA는 데이터베이스를 운영하고 데이터를 보호하는 관점에서 성능, 백업 등의 다양한 시스템 운영과 관련된 관점으로 데이터베이스를 바라보게 됩니다.

이런 다양한 관점에 대한 아키텍처를 'Three Schema Architecture'라고 합니다.

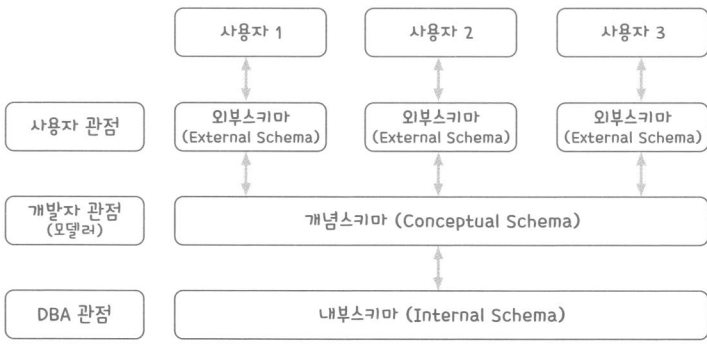

[그림 2-2] Three Schema Architecture

외부스키마는 사용자의 요구사항을 도출하는 과정에 해당합니다. 데이터베이스 사용자의 관점에서 보고자 하는 정보의 집합입니다. 각 사용자의 입장에서 바라보는 외부스키마는 데이터의 주제영역이나 서비스 분산의 기준으로도 작용합니다.

개념스키마는 각 사용자의 관점인 외부스키마를 분석하고 데이터베이스에 저장할 모든 데이터를 통합해서 필요한 정보를 논리적인 형태로 표현한 모델입니다.

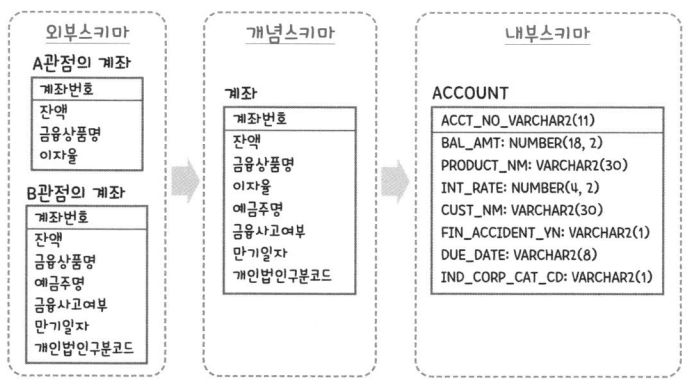

[그림 2-3] 각 스키마의 매핑

사용자 관점에서는 동일한 계좌에 대해서 각각의 관점에서 필요한 정보에만 집중하게 됩니다. 반면, 데이터 모델링을 수행하는 개발자나 모델러의 입장에서는 각 사용자의 관점을 통합해서 동일한 대상으로 관리할 수 있도록 매핑하게 됩니다.

내부스키마는 데이터베이스 관리시스템을 이용해서 개념스키마를 컴퓨터 내부에 저장할 수 있도록 변환한 물리 데이터베이스 설계 구조입니다. 내부스키마는 데이터베이스에서 생성한 데이터 타입과 길이 등을 지정한 모델입니다. 또한 부가적인 인덱스, 테이블의 크기 등을 고려하게 됩니다. 개념스키마는 논리 데이터 모델, 내부스키마는 물리 데이터 모델이라고도 합니다.

2.4 데이터 모델링 절차

데이터베이스는 데이터 모델을 통해 데이터의 구조를 정의하고 데이터베이스 관리시스템을 통해 관리됩니다. 데이터 모델링은 데이터 모델을 작성하는 진행 절차입니다. 즉, 데이터 모델링의 여러 절차를 진행한 뒤에 최종적으로 만들어지는 결과물이 데이터 모델입니다. 기존에 많이 사용하던 데이터 모델링 절차는 ① 요구사항 수집 → ② 논리 데이터 모델링 → ③ 물리 데이터 모델링의 순서로 진행했습니다.

논리 데이터 모델링은 개체, 관계 정의, 속성 정의, 정규화를 진행하고 물리 데이터 모델링 단계에서 물리 모델의 전환 작업이 진행되었습니다. 최근 실제 프로젝트에서는 메타 데이터 관리시스템 등이 도입됨에 따라 물리 모델로 전환하는 작업은 자동화된 작업으로 별도의 단계를 구분해서 진행할 만큼의 큰 작업이 아니기 때문에 여기서는 다음과 같이 절차를 정의했습니다.

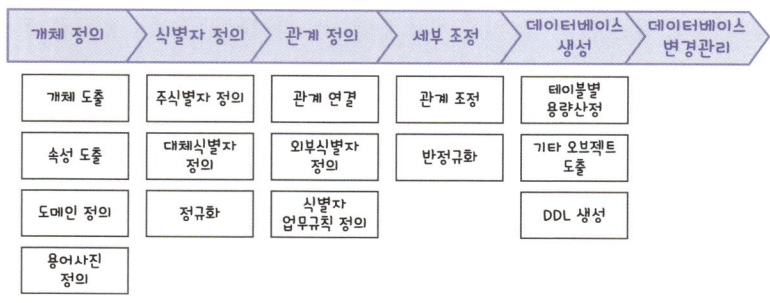

[그림 2-4] 데이터 모델링 상세 절차

① 개체를 정의하는 단계에서는 데이터의 집합인 개체를 도출하고 개체를 설명하는 속성을 정의합니다.

속성이 도출되면 동일한 유형의 속성을 그룹화해서 그 데이터값의 범위를 정하는 도메인을 정의합니다. 개체와 속성의 명칭을 표준화해서 일관되게 정의하기 위해서 용어사전을 정의합니다.

② 식별자는 각 개체가 가지는 데이터의 유일성을 보장하는 수단입니다.

식별자를 선정하기 위해서 개체 내의 속성이 정의되어야 합니다. 개별 인스턴스를 식별할 수 있는 속성은 여러 개가 있을 수 있습니다. 이 중 대표성을 가지는 속성을 주식별자로, 그 외의 식별가능 속성을 대체식별자로 정의합니다. 각 속성의 중복관리를 배제하기 위해서는 정규화를 진행합니다. 실무적으로는 일반적으로 3차 정규화까지 적용합니다.

③ 관계 정의 단계는 두 개체를 연결하고 그에 따라 외부식별자를 정의합니다.

외부식별자의 처리규칙에 따라 식별자 업무규칙을 정의합니다. 식별자 업무규칙은 데이터베이스를 생성하는 단계에서 데이터베이스의 제약조건이나 애플리케이션에 로직으로 반영되어야 합니다.

④ 세부 조정 단계는 개체 사이의 관계를 보다 효율적인 형태로 재조정하고, 각 업무영역 사이에 발생하는 중복 데이터를 허용하거나 제거하는 작업을 진행합니다. 또한 데이터베이스의 성능 저하가 발생할 수 있는 부분을 반정규화의 형태로 일부 중복을 허용하는 등의 처리를 진행합니다.

⑤ 데이터베이스 생성 단계에서는 개발자 또는 모델러가 DBA와 협업을 진행합니다.
사업 목표, 기존 시스템의 데이터 용량 등을 활용해서 향후 몇 년 간의 인프라에 투입할 수 있는 예산을 고려해서 용량을 산정하고, 데이터 모델에 표현되지 않는 데이터베이스의 다른 오브젝트를 도출합니다. 이 작업이 완료되면 데이터 모델은 DBA에게 전달되고 일괄로 데이터베이스를 생성합니다.

⑥ 데이터베이스를 물리적으로 생성한 뒤에는 데이터베이스 변경관리가 시작됩니다.
데이터베이스의 구조 변경이 발생하면 그와 관련된 애플리케이션을 변경하고, 기존 데이터베이스에 끼치는 영향도를 검토해서 신중하게 반영하는 과정이 지속적으로 발생합니다.

2.5 정리

① 데이터베이스는 데이터 모델로 구조를 정의하고 데이터베이스 관리시스템을 통해서 관리합니다.

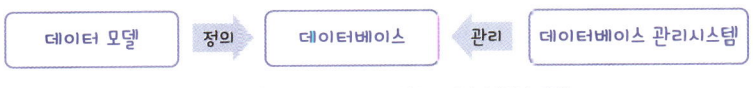

[그림 2-5] 데이터베이스에 대한 모델과 DBMS 관계

② 데이터 모델의 다양한 관점
- 외부스키마: 데이터베이스의 사용자가 각자의 업무 관점에서 바라보는 데이터
- 개념스키마: 각 사용자의 관점에서 보는 데이터를 개발자나 모델러의 관점에서 통합해서 중복된 항목이 제거된 전사 관점의 데이터
- 내부스키마: 물리적인 구현 형태로 데이터베이스의 성능, 운영의 편의성의 관점에서 바라보는 데이터

③ 데이터 모델링 절차

[그림 2-6] 데이터 모델링 절차

Chapter 3
데이터 모델링(1)

목 표

- 데이터 모델의 기본 요소인 개체, 속성, 관계, 식별자를 정의하는 작업에 대해서 설명합니다.
- 이번 챕터에서는 비즈니스에서 관리해야 하는 중요 데이터를 빠짐없이 정의하고 그 데이터 사이의 연관관계를 파악하는 것이 목표입니다.

3.1 개체(Entity) 정의

3.1.1 개체 도출

개체는 비즈니스의 관심 대상이 되는 정보를 가지고 있거나, 그에 대한 정보를 알아야 하는 유형, 무형의 사물이나 행위의 어떤 것입니다. 개체가 가져야 하는 가장 기본적인 특성은 개체 사이의 상호배타성과 개체 내에서의 상호식별성입니다.

상호배타성은 모든 사물이나 객체는 반드시 하나의 개체에만 속해야 한다는 것입니다. 특정 데이터는 서로 다른 여러 개의 개체에 선택적으로 존재할 수 없으며, 반드시 하나의 개체에만 존재해야 합니다.

상호식별성은 하나의 개체 내에서 각각의 대상은 식별 가능해야 한다는 것입니다. 상호식별성은 식별자를 설명할 때 다시 다루도록 하겠습니다.

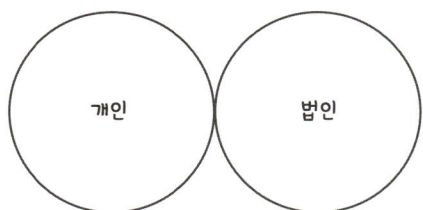

[그림 3-1] 상호배타성의 사례 : 개인과 법인의 배타적 성격

개인과 법인은 서로 배타적입니다. 개인은 각각의 사람에 해당합니다. 반면 법인은 실제 사람이 아닌 법에 의해서 새롭게 인격을 부여받은 집단입니다. 한 사람이 법인의 구성원이 될 수는 있지만, 그 법인 자체는 아닙니다. 즉 개인이면서 법인이 될 수는 없다는 의미입니다. 다른 대상과 구별되는 독립된 인식 단위만이 개체로 도출이 가능하며, 이런 특성을 상호배타성이라고 합니다.

다른 경우를 한번 보겠습니다. 세무서는 개인과 사업자를 관리합니다. 개인은 주민등록번호로 과세의 단위를 식별합니다. 반면 기업(법인)은 사업자등록번호를 통해서 과세의 단위를 식별하게 됩니다. 개인 중에 소규모 사업을 하는 경우에는 법인을 설립하지 않고 개인사업자로 등록할 수 있습니다. 이런 경우 개인은 사업자인 개인과 사업자가 아닌 개인으로 구분하게 됩니다.

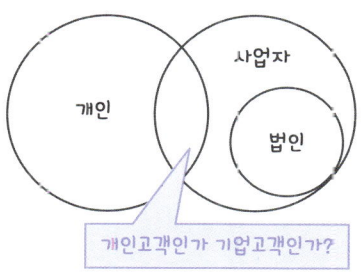

[그림 3-2] 개체의 상호배타성의 위배

데이터 모델링 초기에 각 개체의 개념적인 도출을 하는 과정에서 이런 사례가 자주 발생합니다. 상호배타성은 개체에 반드시 보장되어야 하기 때문에 다른 규칙을 적용하거나 개체의 명칭을 조정하는 방식으로 상호배타성을 보장할 수 있도록 해야 합니다. ERgrin에서는 이 두 가지 방식을 모두 표현할 수 있습니다. 각각을 Exclusive 슈퍼/서브타입, Inclusive 슈퍼/서브타입이라고 하며, 다음 그림과 같이 표현합니다.

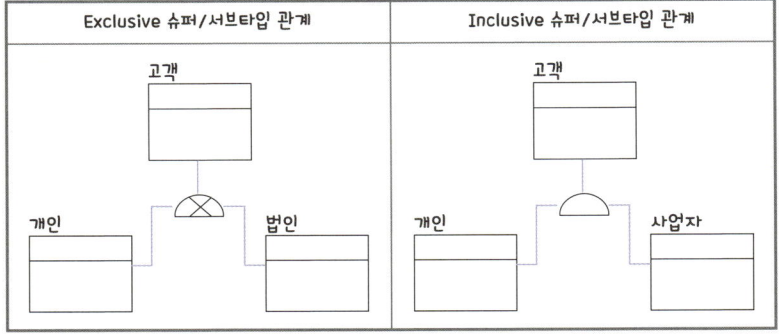

[그림 3-3] Exclusive/Inclusive 슈퍼/서브타입 관계

ERgrin을 이용해서 이 관계를 작성하는 과정을 보겠습니다.

01 ERgrin을 실행하면 도구상자에 아래와 같은 아이콘이 있습니다. 여기서 엔터티 아이콘을 선택합니다.

[그림 3-4] ERgrin 도구상자

02 메인 윈도우를 클릭하면 개체 하나가 만들어집니다. 고객, 개인고객, 기업고객 3개의 개체를 만듭니다.

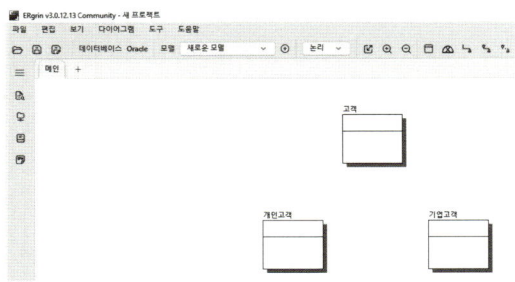

[그림 3-5] 개체 생성 예시

03 도구상자에서 슈퍼/서브타입 아이콘을 선택하고, 고객과 개인고객을 각각 클릭합니다.

[그림 3-6] 슈퍼/서브타입 선택 아이콘

04 다시 슈퍼/서브타입 아이콘을 선택하고 고객과 개인고객 사이의 관계 아이콘을 클릭한 뒤 기업고객을 선택합니다.

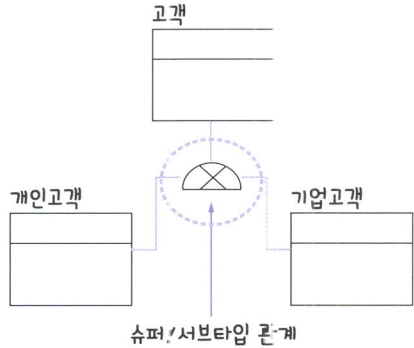

[그림 3-7] 슈퍼/서브타입 관계 예시

05 Exclusive와 Inclusive 관계를 지정하기 위해서 슈퍼/서브타입 관계를 더블클릭합니다. 타입에서 선택할 수 있습니다.

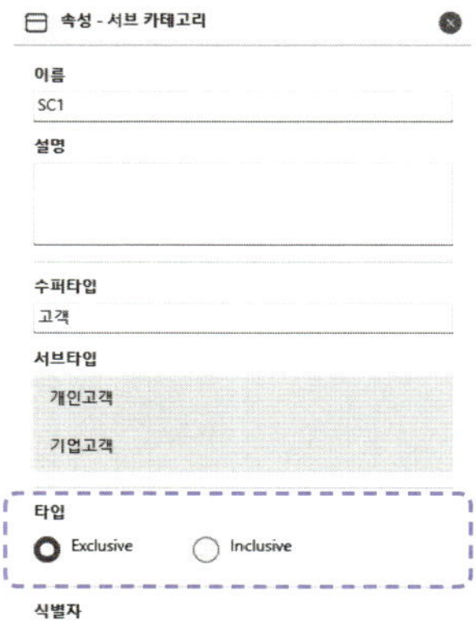

[그림 3-8] ERgrin에서 Exclusive/Inclusive 관계 설정

    개체에 대한 정의를 알아봤으니, 개체를 도출하는 절차를 살펴보겠습니다. 개체의 도출은 사용자의 요구사항을 기반으로 시작하게 됩니다. 사용자 인터뷰, 서비스 기획자가 작성한 기획서 등을 이용해서 사용자 시나리오를 작성하고 그 기반으로 개체를 도출할 수 있습니다. 만약 현재 운영 중인 시스템을 개편하는 경우라면, 현행 시스템의 데이터베이스 테이블 구조, 업무처리 화면, 각종 보고서를 이용해서 요구사항을 정의하게 됩니다. 여기서는 업무 시나리오로부터 개체를 도출해 보도록 하겠습니다(아래 ① ~ ③).

① 시나리오에서 명사를 도출
② 명사 정리
③ 개체 대상 명사와 속성 대상 명사 파악
④ 유사 항목 정리
⑤ 데이터 모델에 반영
⑥ 슈퍼/서브타입 정의

아래는 요구사항을 정리한 업무 시나리오입니다. 개체 도출 순서에 따라 진행해보겠습니다.

① 시나리오에서 명사를 도출

> 은행은 금융상품을 개발하고 고객에게 금융상품을 판매하는 일을 합니다.
> 은행의 고객은 개인과 기업이 있습니다. 개인은 주민등록번호, 운전면허번호, 여권번호 등을 이용해서 식별할 수 있습니다. 기업은 법인등록번호로 개별 법인을 식별합니다. 개인과 법인은 모두 사업자등록번호라는 것을 가질 수 있습니다.
> 금융상품은 은행의 상품개발 부서에서 개발합니다. 금융상품은 고객의 예금을 받는 수신상품과 고객에게 대출을 해주는 여신상품으로 구분합니다.
> 각 상품은 상품코드로 식별하고 상품명, 이자율을 관리합니다. 은행은 각 지점에서 영업을 합니다. 지점에 따라 판매할 수 있는 금융상품에 차이가 있습니다.
> 은행의 각 지점에는 은행원들이 있으며, 은행원은 하나의 지점에 소속이 되어 있으며 다른 지점에 동시에 소속될 수는 없습니다.

개체를 도출하는 순서는 업무 시나리오에서 명사에 해당하는 단어를 추출하는 작업부터 시작합니다. 시나리오에서 명사를 도출하면 다음과 같이 정리할 수 있습니다. 이 목록에는 개체가 될 수 있는 명사와 속성으로 사용해야 하는 명사가 섞여 있습니다. 개체와 속성은 그 명사가 부가적인 정보를 더 가지고 있는지 여부에 따라 판단할 수 있습니다.

② 명사 정리

> 은행, 금융상품, 고객, 개인, 기업, 주민등록번호, 운전면허번호, 여권번호, 법인등록번호, 사업자등록번호, 상품, 부서, 예금, 수신상품, 대출, 여신상품, 상품코드, 상품명, 이자율, 지점, 은행원

도출한 명사들 중에서 개체로 관리할 수 있는 대상을 다시 추려냅니다. 앞에서 언급한 것처럼 각 명사에 부가적인 정보를 가지고 있는지 보겠습니다. 은행의 경우 은행이름, 은행주소와 같은 은행을 설명하는 부가정보를 더 가질 수 있습니다. 고객이나 금융상품도 부가적인 정보를 가지고 있습니다. 주민등록번호의 경우 주민등록번호를 설명하는 부가 항목을 가지고 있지 않습니다. 따라서 개체 후보에서 제외했습니다. 개체로 도출한 후보는 아래 목록의 각 명사에 밑줄이 그어져 있습니다.

③ 개체 대상 명사와 속성 대상 명사 파악

> 은행, <u>금융상품</u>, <u>고객</u>, <u>개인</u>, <u>기업</u>, 주민등록번호, 운전면허번호, 여권번호, 법인등록번호, 사업자등록번호, 상품, <u>부서</u>, <u>예금</u>, <u>수신상품</u>, <u>대출</u>, <u>여신상품</u>, 상품코드, 상품명, 이자율, 지점, <u>은행원</u>

최종 도출된 후보들 가운데 같은 대상에 해당하는 개체 후보를 제외하는 작업을 진행합니다. 상품과 금융상품은 동일한 대상이기 때문에 금융상품만 남기고 상품은 제외합니다. 부서와 지점도 동일한 의미이기 때문에 부서 하나만 남기고 지점도 최종 개체 후보에서는 제외합니다.

수신상품과 여신상품은 모두 금융상품의 일부이기 때문에 슈퍼/서브타입으로 남겨두도록 합니다. 고객과 개인, 기업 또한 같은 슈퍼/서브타입에 해당합니다. 은행의 경우 이 시나리오에 있는 업무 설명으로는 모든 은행의 목록을 관리하는 것인지에 대한 여부가 명확하지 않습니다. 즉, 관리 대상인지 여부가 명확하지 않기 때문에 제외하도록 하겠습니다.

최종 도출한 개체의 후보들을 데이터 모델에 반영하면 아래 그림과 같이 됩니다.

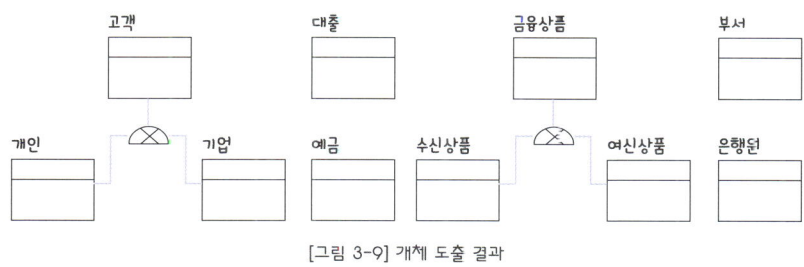

[그림 3-9] 개체 도출 결과

개체를 도출하는 기준을 정리해보면 아래와 같습니다.

- 다른 대상과 구별할 수 있는 정보의 단위이어야 함
- 개체를 설명할 수 있는 항목을 가지고 있어야 함
  설명하는 항목 그 자체인 경우는 속성으로 도출해야 함(예: 주민등록번호)
- 개체는 인스턴스가 2개 이상인 경우에 도출함

개체를 도출한 뒤에는 적절한 명칭을 부여해야 하고, 각 개체의 명칭은 비즈니스의 내용을 적절하게 반영해야 합니다. 하지만 대형 시스템일 경우 다양한 관리적인 목적으로 각 개체를 분류하기 위한 분류어를 넣어서 명칭을 부여하기도 합니다. 한 국내 은행에서 적용된 개체의 명명규칙의 예시는 아래와 같습니다.

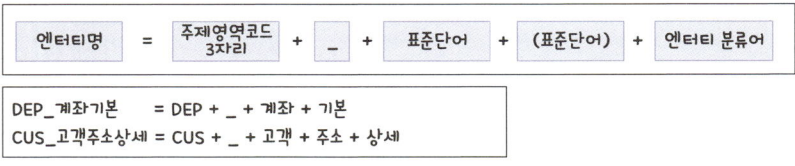

[그림 3-10] 사례 : 개체의 명명규칙

엔터티명이라고 되어 있는 부분이 실제 개체의 명칭입니다. 은행의 계정계 시스템의 경우 단일 데이터베이스에 여러 단위 업무들이 존재하기 때문에 각 업무를 구분해서 주제영역이라는 것을 정의하게 됩니다. 은행의 중요업무가 예금과 대출업무인데 두 업무 모두 각각의 계좌를 관리합니다. 업무영역에 대한 구분이 없다면, 동일한 명칭의 개체가 각 업무에서 도출되기 때문에 이런 구분자를 사용해서 업무영역을 구분해주는 것입니다.

표준단어라고 되어 있는 부분은 뒤에 설명할 용어사전에 미리 사용 가능한 용어들의 목록을 정리해 둔 것입니다. 개체명은 용어사전에 미리 등록된 단어만을 사용해서 부여하게 됩니다. 마지막 엔터티 분류어는 개체의 성격을 분류하기 위한 접미사에 해당합니다. 아래 표는 금융사에서 사용하는 개체의 분류어 예시입니다.

[표 3-1] 사례 : 개체의 분류어

유형	내용	예	분류어
기본	기본 정보 관리 개체로 마스터 또는 기준 정보에 해당하는 엔터티를 기본 엔터티로 분류함	CUS_고객기본, DSP_계좌기본	기본

상세	기본 개체에 부수적인 상세 정보를 관리하기 위한 엔터티를 상세 엔터티로 분류함	CUS_고객주소상세	상세
이력	기본 엔터티가 존재하고 별도로 과거 정보를 시점별로 보관하는 엔터티. 정보의 변경사항을 관리하기 위한 목적의 엔터티	CUS_고객주소변경이력	이력
내역	작업 또는 거래발생 시 생성되는 정보를 관리하기 위한 엔터티	DSP_입출금내역	내역
집계	이미 존재하는 엔터티로부터 데이터값을 추출하여 통계, 합계 등을 산출하기 위한 속성으로 구성된 엔터티		집계
전문	전문 이미지를 보관하기 위한 엔터티		송신/수신/송수신
채번	일련번호 채번을 위한 엔터티		채번
임시	배치프로그램 등에서 임시로 사용하는 Data를 보관하기 위한 엔터티		임시

3.1.2 속성 도출

속성은 개체를 설명하는 기술자(Descriptor)로서 개체에서 관리해야 하는 데이터 항목이기 때문에 각 속성은 개체에 정확하게 할당되어야 합니다. 속성은 관리 단위의 최소화와 특정 시점에 하나의 값을 가져야만 합니다.

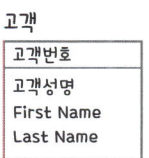

[그림 3-11] 속성 정의 예시

최소한의 관리 단위는 해당 비즈니스의 맥락에서 검토해야 합니다. 예를 들면, 우리나라에서는 특별한 경우가 아니면 일반적으로 성명을 하나의 속성으로 관리합니다. 반면 서양에서는 성과 이름을 별도의 속성으로 나누어서 관리하는 경우가 많습니다. 또한 국제적으로 데이터를 주고받아야 하는 업무에서는 성과 이름을 분리해서 관리하는 경우가 많습니다. 항공사 탑승자 정보를 등록하는 화면을 보면 성과 이름이 분리되어 있습니다. 따라서 이 경우에 관리하는 최소 단위는 성명을 하나의 속성으로 관리하는 것이 아니라 성과 이름을 각각의 속성으로 관리하는 것이 데이터의 최소 관리 단위가 됩니다.

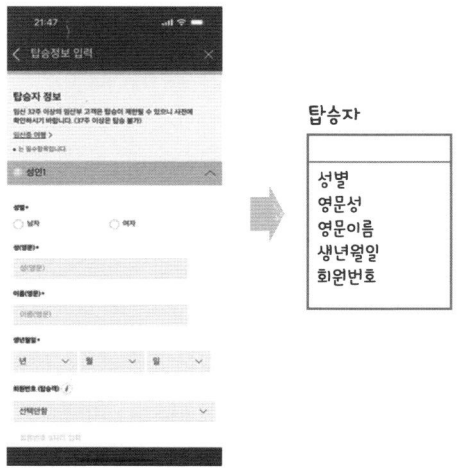

[그림 3-12] 속성의 최소 단위 예 – 항공사 탑승자 정보 입력

속성은 특정 시점에 하나의 값만을 가질 수 있습니다. 속성이 가지는 이 성격으로 인해 다양한 관리방식이 필요합니다. 사람의 이름은 개명절차를 통해 변경이 가능합니다. 어떤 행위에 의해서 데이터의 값이 변경될 수도 있습니다. 주민등록 상의 이름을 개명절차를 통해서 변경되었다고 하겠습니다.

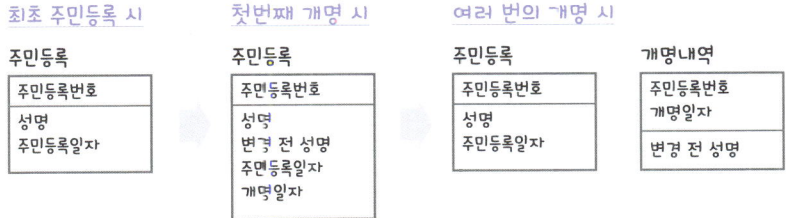

[그림 3-13] 성명 변경의 사례

개명이 허용되지 않는다고 한다면 첫번째 모델만으로 충분합니다. 개명을 하게 되면 개명 전의 성명과 개명 후의 성명, 두 개의 값을 가지게 됩니다. 이 두 값을 하나의 속성으로 동시에 관리할 수는 없습니다. 따라서 두번째 모델과 같이 개명 전, 후의 성명을 각각의 속성으로 분리해서 관리해야 합니다.

개명을 여러 번 할 수 있다면 두번째 모델도 관리를 할 수가 없습니다. 이때 속성을 계속 추가해서 첫번째 변경 전 성명, 두번째 변경 전 성명으로 관리한다면 지속적으로 데이터 구조에 대한 변경을 해야 하는 문제가 생깁니다. 이를 해소하기 위해서는 개명 전의 성명을 관리하는 별도의 개체를 생성하는 것이 필요합니다.

이처럼 속성은 특정 시점에 하나의 데이터를 가져야 한다는 특성으로 인해 변경 전의 값을 관리하기 위해서 개체에 속성을 추가하거나 추가 객체를 도출하는 방식으로 해소해야 합니다. 과거의 데이터값을 보존해야 하는가, 버려도 되는가는 비즈니스의 요건에 해당합니다. 데이터 모델링을 진행하는 과정에서 이에 대한 요구사항을 항상 확인해야 합니다.

3.1.3 도메인 정의

도메인은 속성이 가질 수 있는 데이터의 범위를 정의하는 것입니다. 데이터의 범위는 데이터 타입, 길이, 형식, 허용가능한 값의 범위 등이 있습니다. 데이터베이스에서 제공하는 데이터 타입은 숫자형, 문자형, 날짜형 등의 기본적인 타입입니다. 이 기본 데이터 타입을 이용해서 비즈니스적으로 정의하는 사용자정의 데이터 타입이 도메인입니다.

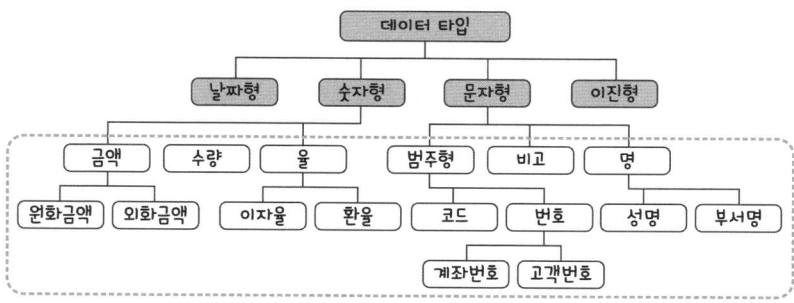

[그림 3-14] 도메인의 계층구조

도메인은 서로 계층적인 관계를 가지게 됩니다. 금액은 숫자형의 데이터입니다. 원화금액과 외화금액은 허용 가능한 자릿수가 다릅니다. 원화는 소수점 이하의 자릿수를 관리하지 않습니다. 반면 미국달러의 경우 달러와 센트라는 단위가 있어서 소수점 2자리의 금액을 관리하게 됩니다. 이처럼 미리 허용 가능한 데이터 타입을 사전에 정의하는 것이 도메인입니다.

도메인을 관리하는 목적은 동일한 용도나 성격의 속성에 대해서 일관된 형식을 적용함으로써 속성이 가지는 데이터값에 대한 무결성을 보장하기 위한 것입니다. 도메인을 정의하지 않고 매번 각각의 속성마다 개별적으로 데이터 타입을 정의한다면 다음과 같이 동일한 금액에 대해서 다른 자릿수가 지정될 수 있는 문제가 있습니다.

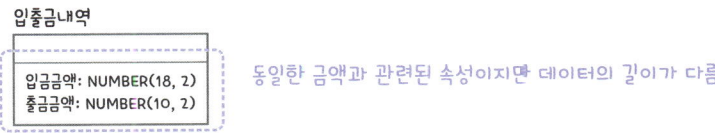

[그림 3-15] 개별적으로 데이터 타입을 정의하는 경우 발생할 수 있는 오류 가능성

입금금액과 출금금액이 금액 속성이지만 데이터의 길이가 다른 경우 처리 가능한 값의 범위가 달라지게 됩니다. 이런 경우 그때그때 애플리케이션으로 처리해야 하는 불필요한 처리과정이 발생하게 됩니다. 또한 금액에서 처리해야 하는 데이터의 범위가 커지는 경우 각각의 속성에 대해서 개별적으로 변경해야 하는 불편함이 있습니다. 따라서 도메인으로 데이터 타입을 사전 정의하고 자릿수 변경이 필요한 경우 도메인만 변경한다면 해당 도메인이 매핑된 모든 속성에 대해서 일괄 변경하는 것이 가능합니다.

01 ERgrin에서 탐색열기를 선택하고 도메인 관리를 선택합니다.

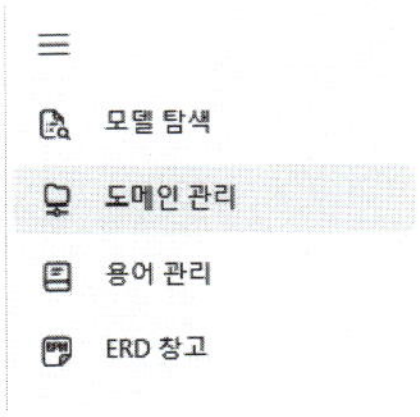

- 모델 탐색
- 도메인 관리
- 용어 관리
- ERD 창고

[그림 3-16] ERgrin 도메인 관리 메뉴

02 도메인 관리창에서 오른쪽 버튼을 클릭해서 새 도메인 만들기를 선택합니다.

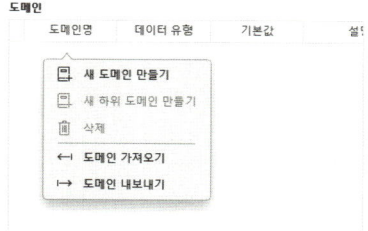

[그림 3-17] 새로운 도메인 만들기

03 도메인명에 금액을 입력하고, 데이터 유형에서 NUMBER를 선택합니다. 기본값과 설명은 필수 입력항목은 아닙니다. 이때 새롭게 만든 도메인이 최하위의 도메인이면 자릿수까지 지정하지만 최하위 도메인이 아닌 경우 데이터 유형만 선택해도 됩니다.

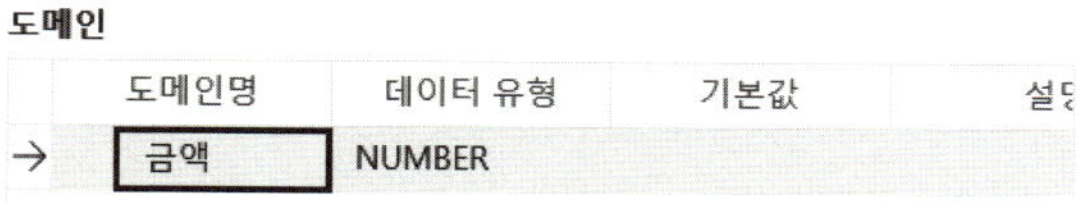

[그림 3-18] 도메인의 데이터 타입 정의

04 금액 도메인을 선택하고 새 하위 도메인 만들기를 선택합니다.

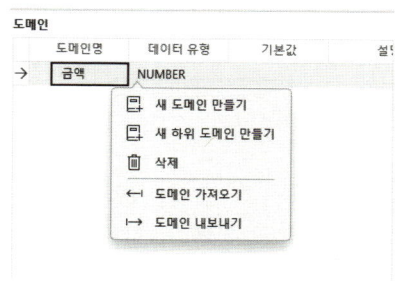

[그림 3-19] 하위 도메인 만들기

05 원화금액과 외화금액을 각각 하위 도메인으로 만들고 적당한 자릿수를 지정합니다. 원화는 18자리, 외화는 전체 18자리 중 소수점 이하 2자리를 관리할 수 있도록 길이를 지정합니다.

[그림 3-20] 하위 도메인 생성 예

06 데이터 모델에서 특정 속성을 선택하고 더블클릭하면 편집창이 나타납니다. 여기서 도메인을 지정합니다.

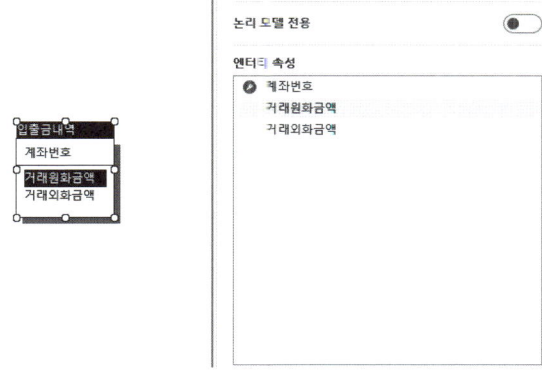

[그림 3-21] 도메인 지정 방법

다음 표는 실제 대형 프로젝트에서 적용한 도메인의 예시입니다.

[표 3-2] 도메인 정의 예시

도메인 그룹	도메인명	데이터 타입	길이	비고
금액	금액	NUMBER	20, 4	
	이자	NUMBER	20, 4	
	잔액	NUMBER	20, 4	
	가격	NUMBER	20, 4	
	세액	NUMBER	20, 4	결정+세액
	법인세	NUMBER	20, 4	조세종류 중 하나이면 ~세를 붙여서 도메인명으로 정의하며, 그 외에는 세액을 도메인명으로 사용한다.
	소득세	NUMBER	20, 4	
	주민세	NUMBER	20, 4	
	감가상각비	NUMBER	20, 4	'~비(expense)' 단독 사용은 허용하지 않으며 구체화된 도메인명을 사용한다.
	관리비	NUMBER	20, 4	
	수리비	NUMBER	20, 4	
	보험료	NUMBER	20, 4	'~료(fee)' 단독 사용은 허용하지 않으며 구체화된 도메인명을 사용한다.
	수수료	NUMBER	20, 4	
	연체료	NUMBER	20, 4	
	고가	NUMBER	20, 4	'~가'는 금융(경제) 용어사전에 정의된 단어에서 도메인명으로 정의하여 사용한다.

3.1.4 용어사전 정의

데이터 모델에 설계된 개체를 물리적인 테이블로 만들기 위해서는 개체와 속성의 명칭을 테이블 생성에 적합한 형태로 변환해야 합니다. 개체와 속성은 비즈니스를 충분히 이해할 수 있는 명칭으로 부여한 반면 물리적인 명칭은 개발과 SQL 작성에 용이한 형태로 조정해서 변환하는 것이 필요합니다. 이를 위해서 용어사전을 만들거나, 보다 규모가 큰 시스템에서는 이를 체계적으로 관리하기 위해서 메타 데이터 관리시스템을 사용합니다. ERgrin의 용어관리 기능을 이용해서 물리명을 정의해보도록 하겠습니다.

01 탐색열기에서 용어 관리 메뉴를 선택합니다.

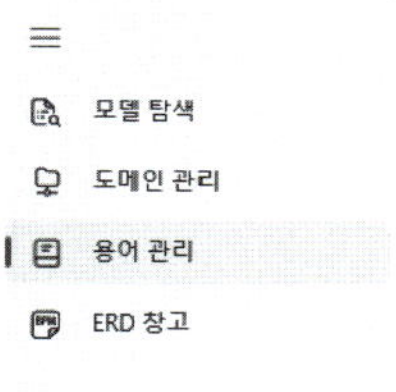

≡
- 모델 탐색
- 도메인 관리
- 용어 관리
- ERD 창고

[그림 3-22] ERgrin 용어 관리 메뉴

02 오른쪽 버튼을 클릭해서 새 용어 만들기를 선택합니다.

[그림 3-23] 새로운 용어 만들기

03 논리명을 입력하고 그에 매핑되는 물리명, 도메인을 지정합니다. 설명은 필수 입력항목은 아닙니다.

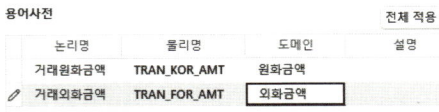

[그림 3-24] 용어에 도메인 매핑

04 전체적용 버튼을 클릭하면 아래 그림과 같이 일괄로 용어사전과 도메인이 적용됩니다.

입출금내역
| 계좌번호 : NVARCHAR2
| 거래원화금액 : NUMBER(18)
| 거래외화금액 : NVARCHAR2

➡

입출금내역
| ACCT_NO_NVARCHAR2
| TRAN_KOR_AMT : NUMBER(18)
| TRAN_FOR_AMT : NUMBER(18, 2)

[그림 3-25] 용어사전 적용 예시

　도메인과 용어사전을 정의하는 활동을 데이터 표준화라고 합니다. 데이터 표준화는 데이터 요소인 속성에 대해서 일정한 규칙을 적용해서 데이터의 품질을 향상시키는 지속적인 활동입니다.

3.2 식별자 정의

개체는 상호식별성을 가지고 있어야 합니다. 상호식별성은 하나의 개체 내에 존재하는 모든 인스턴스는 유일하게 식별 가능해야 한다는 의미입니다. 상호식별성이 보장되어야 엔터티 무결성을 확보할 수 있습니다. 따라서 개체 내의 모든 인스턴스들은 각자를 유일하게 식별할 수 있는 식별자를 가지고 있어야 합니다.

고객번호	주민등록번호	법인등록번호	고객명	성별
100	240101-4234567		성춘향	여
101	231231-3123456		성춘향	남
102		123456-6789012	xx기업	

유일성을 보장하지만 비어 있는 값이 있을 수 있음

[그림 3-26] 개체의 상호식별성

식별자는 개체 내 각 인스턴스를 유일하게 식별하는 수단입니다. 아래의 표는 식별자에 관련된 용어들입니다.

[표 3-3] 식별자의 종류

용어	설명
후보식별자	개체 내에서 개체 내의 각 레코드를 유일하게 식별할 수 있는 속성
주식별자	후보식별자 중 가장 대표성을 가지기 때문에 주로 사용할 수 있는 식별자
보조식별자	후보식별자 중 주식별자로 선정된 속성 이외의 식별자
외부식별자	개체에서 자체적으로 가지고 있는 속성이 아닌 관계에 의해서 상위 엔터티로부터 받아온 속성

3.2.1 주식별자와 보조식별자 정의

주식별자는 개체 내에서 개별 레코드를 유일하게 식별할 수 있는 식별자입니다. 즉 상호식별성을 제공합니다. 모든 개체는 반드시 주식별자를 가지고 있어야 합니다. 주식별자의 기능은 두 가지입니다.

- 개체의 유일성을 식별하는 기능(상호식별성)
- 타 개체와 관계가 설정될 때 그 개체의 외부식별자 기능

주식별자는 아래의 절차를 따라 도출합니다.

① 개체 내의 속성을 도출
② 속성 중 개체의 유일성을 제공하는 속성을 후보식별자(Candiate Key)로 도출
③ 후보식별자 중 가장 개체의 대표성을 가지는 속성으로 주식별자(Primary Key) 지정
④ 주식별자 이외의 후보식별자를 보조식별자(Alternate Key)로 지정

개체 내에 여러 후보식별자가 있다면 아래의 기준에 따라 선정할 수 있습니다.

- 개체의 유일성을 식별할 수 있어야 함
- 반드시 값을 가지고 있어야 함(Not NULL 조건)
- 여러 개의 주식별자 후보가 있는 경우 업무적인 대표성을 가지고 있어야 함
- 가능하다면 길이가 가장 짧은 것으로 지정함

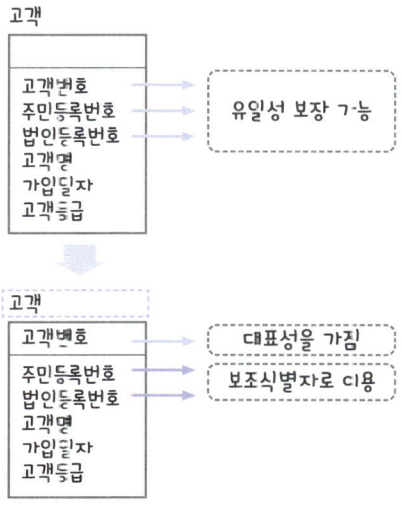

[그림 3-27] 주식별자 지정 예시

　그림에서 고객명, 가입일자, 고객등급 속성은 유일성을 보장하는 값이 아니기 때문에 식별자로서의 역할을 수행할 수가 없습니다. 따라서 후보식별자에서 제외하게 됩니다.
　고객번호, 주민등록번호, 법인등록번호는 각 고객의 유일한 값을 가질 수 있습니다. 이 속성들을 일단 후보식별자로 지정합니다. 이 개체는 개인과 법인 모두를 고객으로 관리하는 개체입니다. 개인은 주민등록번호를 가지지만 법인등록번호를 가질 수는 없습니다. 법인의 경우는 반대로 법인등록번호를 가지지만 주민등록번호를 가지지는 못합니다. 따라서 고객이 개인이냐 법인이냐에 따라 선택적으로 NULL 값을 가지게 됩니다. 따라서 주식별자의 선정기준에서 탈락합니다.

　이 경우 고객번호를 주식별자로 지정하게 됩니다. 고객은 내부적으로 관리하는 고객번호를 인지할 수 없기 때문에 주민등록번호와 법인등록번호는 보조식별자의 역할을 하게 됩니다. 보조식별자는 물리 모델로 변환하는 과정에서 인덱스 생성 대상으로 고려하게 됩니다.

3.2.2 정규화

정규화란 데이터 모델 내에서 하나의 개체에 속한 속성을 최대한 중복을 제거해서 데이터 이상현상(Data Anomaly)을 방지하기 위한 것입니다. 데이터 이상현상은 입력이상, 수정이상, 삭제이상의 세 가지가 발생할 수 있습니다.

① 입력이상

관련된 다른 데이터가 아직 존재하지 않기 때문에 데이터를 삽입할 수 없을 때 발생합니다. 고객에게 물건을 판매해야 하는데 그 고객이 무엇인가를 구매하기 전까지는 등록을 할 수 없는 경우에 발생할 수 있습니다.

② 수정이상

동일한 데이터가 여러 곳에 중복해서 저장되어 있는 상황에서 데이터의 변경이 발생할 때 하나라도 동시에 변경되지 못한다면 데이터의 일관성을 유지할 수 없는 문제가 발생하는 경우입니다.

③ 삭제이상

어떤 데이터를 삭제할 경우 관련된 데이터가 같이 삭제되어서 그 데이터를 더 이상 활용할 수 없는 경우입니다.

데이터 정규화를 통해서 이런 이상현상을 방지할 수 있습니다. 또한 필요에 의해서 정규화에 대한 예외처리(반정규화)를 하는 경우에 정규화 과정을 거친 뒤에 명시적으로 예외처리를 하기 때문에 애플리케이션 설계에서 고려할 부분을 명확하게 인지할 수 있는 장점을 가지고 있습니다. 정규화는 여러 단계를 가지고 있지만, 실제 프로젝트에서는 일반적으로 3차 정규화까지 적용합니다.

- 1차 정규화 : 반복 그룹 속성 제거
- 2차 정규화 : 주식별자에 완전 종속되지 않는 속성 제거
- 3차 정규화 : 주식별자를 제외한 일반 속성들 중에서 상호종속성이 발생하는 속성을 제거

아래의 예제를 보면서 하나씩 따라가보도록 하겠습니다. 직원별로 투입된 프로젝트가 아래의 표와 같이 정리되어 있습니다. 각 사원은 여러 프로젝트에 참여하고, 각 사원이 어떤 역할로 참여했는지를 관리합니다. 사번 160번을 보시면 프로젝트에 두 번 참여했습니다. 사번 200번은 프로젝트에 세 번 참여했습니다.

사번	성명	연봉	직위	부서번호	부서명	관리자사번	프로젝트번호	프로젝트명	역할코드	작업시간
100	홍길동	35000	과장	3	모델링팀	10	23	가 프로젝트	D100	200
140	성춘향	28000	대리	2	시스템운영팀	11	14	나 프로젝트	N140	120
160	이몽룡	30000	대리	4	기술지원팀	12	14	나 프로젝트	S160	150
							36	다 프로젝트	S160	100
190	방자	45000	차장	1	데이터아키텍처팀	13	45	라 프로젝트	D190	300
							48	마 프로젝트	S190	80
100	홍길동	35000	과장	3	모델링팀	10	25	바 프로젝트	C100	100
110	연흥부	34000	과장	5	영업팀	14	31	사 프로젝트	D110	120
							25	아 프로젝트	D110	150
120	연놀부	35000	과장	5	영업팀	14	11	자 프로젝트	D120	300
180	콩쥐	30000	사원	6	개발팀	15	31	사 프로젝트	C180	250
							25	아 프로젝트	C180	200
200	팥쥐	32000	사원	6	개발팀	15	11	자 프로젝트	D200	200
							12	차 프로젝트	P200	200
							13	카 프로젝트	P200	100
100	홍길동	35000	과장	3	모델링팀	10	31	사 프로젝트	D100	150
130	별주부	30000	과장	3	모델링팀	10	23	가 프로젝트	D130	200

[그림 3-28] 정규화 예제 : 정규화가 진행되지 않은 상태

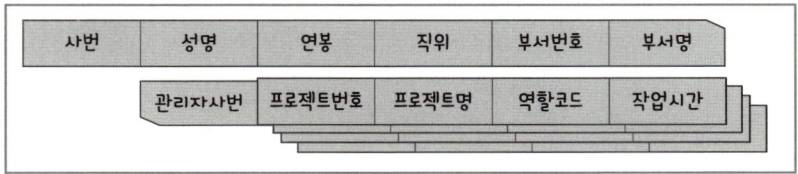

[그림 3-29] 정규화가 되지 않은 구조

이 모델은 프로젝트번호, 프로젝트명, 역할코드, 작업시간이 반복적으로 발생합니다. 반복속성의 경우 [그림 3-30]에서처럼 사원마다 프로젝트의 참여횟수가 다릅니다. 각 사원이 참여한 프로젝트의 수는 개개인이 다를 수 있기 때문에 이 속성의 개수를 확정해서 선언할 수 없습니다. 이런 반복적인 속성이 나타나는 것을 반복속성그룹이라고 합니다.

사번	성명	연봉	직위	부서번호	부서명	관리자사번	프로젝트번호	프로젝트명	역할코드	작업시간
100	홍길동	35000	과장	3	모델링팀	10	23	가 프로젝트	D100	200
140	성춘향	28000	대리	2	시스템운영팀	11	14	나 프로젝트	N140	120
160	이몽룡	30000	대리	4	기술지원팀	12	14	나 프로젝트	S160	150
							36	다 프로젝트	S160	100
190	방자	45000	차장	1	데이터아키텍처팀	13	45	라 프로젝트	D190	300
							48	마 프로젝트	S190	80
100	홍길동	35000	과장	3	모델링팀	10	25	바 프로젝트	C100	100
110	연흥부	34000	과장	5	영업팀	14	31	사 프로젝트	D110	120
							25	아 프로젝트	D110	150
120	연놀부	35000	과장	5	영업팀	14	11	자 프로젝트	D120	300
180	콩쥐	30000	사원	6	개발팀	15	31	사 프로젝트	C180	250
							25	아 프로젝트	C180	200
200	팥쥐	32000	사원	6	개발팀	15	11	자 프로젝트	D200	200
							12	차 프로젝트	P200	200
							13	카 프로젝트	P200	100
100	홍길동	35000	과장	3	모델링팀	10	31	사 프로젝트	D100	150
130	별주부	30000	과장	3	모델링팀	10	23	가 프로젝트	D130	200

한 사람에 대해서 반복적인 데이터가 발생

[그림 3-30] 1차 정규화 대상 식별 결과

1차 정규화는 반복속성을 제거하는 것입니다. 아래 그림과 같이 프로젝트번호, 프로젝트명, 역할코드, 작업시간을 별도의 개체로 분리해야 합니다.

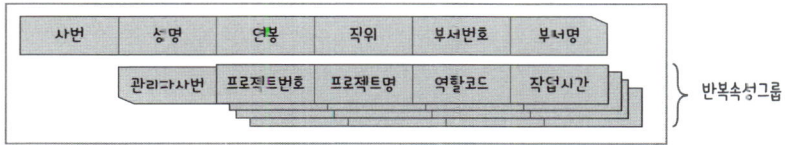

[그림 3-31] 반복속성그룹 식별 결과

1차 정규화를 통해 반복속성을 제거하면 아래의 그림과 같이 됩니다. 반복속성그룹에 해당하는 속성들을 분리해서 별도의 개체로 분리한 결과입니다.

[그림 3-32] 1차 정규화 적용 결과

1차 정규화를 적용한 뒤에 [그림 3-33]을 보면 두 번째 개체의 주식별자는 사번과 프로젝트번호입니다. 이 중 프로젝트명은 두 개의 식별자 모두

Chapter 3. 데이터 모델링(I) | 059

에 종속적이지 않고 프로젝트번호에만 종속적인 속성입니다. 이 경우 프로젝트명이 변경된다면, 여러 인스턴스를 변경해야 합니다. 이때 누락이 발생하면 데이터의 무결성이 무너지게 되기 때문에 사전에 이를 제거해야 합니다.

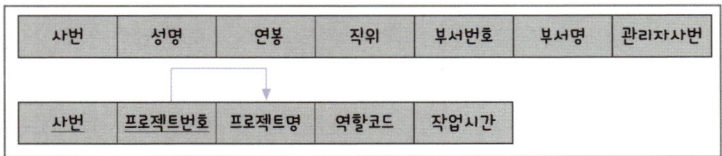

[그림 3-33] 2차 정규화 미적용 시 구조

사번	성명	연봉	직위	부서번호	부서명	관리자사번
100	홍길동	35000	과장	3	모델링팀	10
140	성춘향	28000	대리	2	시스템운영팀	11
160	이몽룡	30000	대리	4	기술지원팀	12
190	방자	45000	차장	1	데이터아키텍처팀	13
110	연흥부	34000	과장	5	영업팀	14
120	연놀부	35000	과장	5	영업팀	14
180	콩쥐	30000	사원	6	개발팀	15
200	팥쥐	32000	사원	6	개발팀	15
130	별주부	30000	과장	3	모델링팀	10

일반 속성 내에서 종속적인 속성이 존재

사번	프로젝트번호	역할코드	작업시간
100	23	D100	200
140	14	N140	120
160	14	S160	150
160	36	S160	100
190	45	D190	300
190	48	S190	80
100	25	C100	100
110	31	D110	120
110	25	D110	150
120	11	D120	300
180	31	C180	250
180	25	C180	200
200	11	D200	200
200	12	P200	200
200	13	P200	100
100	31	D100	150
130	23	D130	200

프로젝트번호	프로젝트명
23	가 프로젝트
14	나 프로젝트
36	다 프로젝트
45	라 프로젝트
48	마 프로젝트
25	아 프로젝트
31	사 프로젝트
25	아 프로젝트
11	자 프로젝트
12	차 프로젝트
13	카 프로젝트

[그림 3-34] 2차 정규화 결과

따라서 프로젝트번호와 프로젝트명을 별도의 개체로 분리해서 2차 정규화를 적용하면 앞의 그림과 같은 결과가 됩니다. 2차 정규화는 개체의 주식별자가 2개 이상인 경우에 적용할 수 있습니다. 주식별자가 1개만 있는 개체는 2차 정규화의 대상으로 고려할 필요가 없습니다.

2차 정규화를 적용한 후 부서번호, 부서명, 관리자사번은 전체 속성이 모두 여러 번 나오게 됩니다. 이때 부서명이 변경되면 여러 번의 변경 작업을 해야 합니다. 부서명과 관리자사번은 부서번호에 대한 종속이 발생합니다.

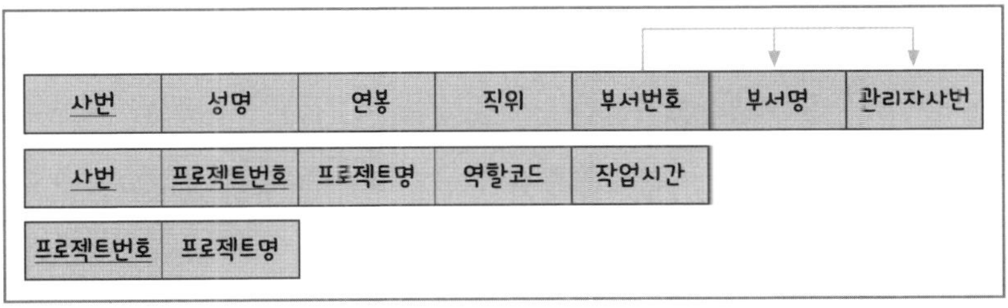

[그림 3-35] 3차 정규화 미적용 시 구조

3차 정규화는 주식별자가 아닌 속성들 사이에 종속관계가 발생하는 경우 이를 별도의 개체로 분리하는 작업입니다. 3차 정규화를 적용하면 아래 그림과 같이 됩니다.

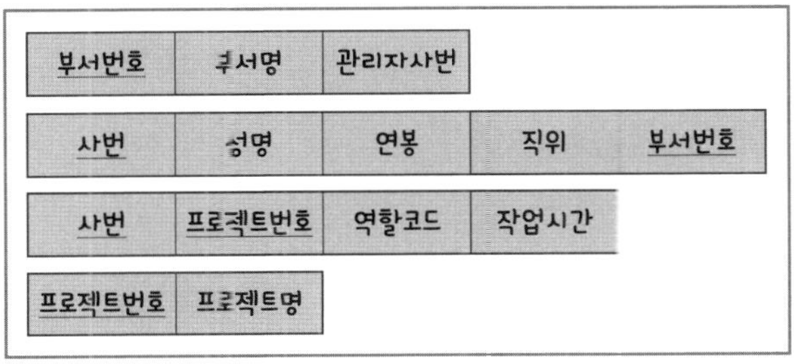

[그림 3-36] 3차 정규화 결과

사번	성명	연봉	직위	부서번호
100	홍길동	35000	과장	3
140	성춘향	28000	대리	2
160	이몽룡	30000	대리	4
190	방자	45000	차장	1
110	연흥부	34000	과장	5
120	연놀부	35000	과장	5
180	콩쥐	30000	사원	6
200	팥쥐	32000	사원	6
130	별주부	30000	과장	3

사번	프로젝트번호	역할코드	작업시간
100	23	D100	200
140	14	N140	120
160	14	S160	150
160	36	S160	100
190	45	D190	300
190	48	S190	80
100	25	C100	100
110	31	D110	120
110	25	D110	150
120	11	D120	300
180	31	C180	250
180	25	C180	200
200	11	D200	200
200	12	P200	200
200	13	P200	100
100	31	D100	150
130	23	D130	200

부서번호	부서명	관리자사번
3	모델링팀	10
2	시스템운영팀	11
4	기술지원팀	12
1	데이터아키텍처팀	13
5	영업팀	14
6	개발팀	15

프로젝트번호	프로젝트명
23	가 프로젝트
14	나 프로젝트
36	다 프로젝트
45	라 프로젝트
48	마 프로젝트
25	아 프로젝트
31	사 프로젝트
25	아 프로젝트
11	자 프로젝트
12	차 프로젝트
13	카 프로젝트

[그림 3-37] 3차 정규화 후 데이터 배치

3.3 관계 정의

3.3.1 관계 정의

관계란 비즈니스적으로 밀접한 두 개체 사이의 연결입니다. 두 개체 사이에 관계가 연결되면 외부식별자가 만들어지면서 참조관계가 발생합니다.

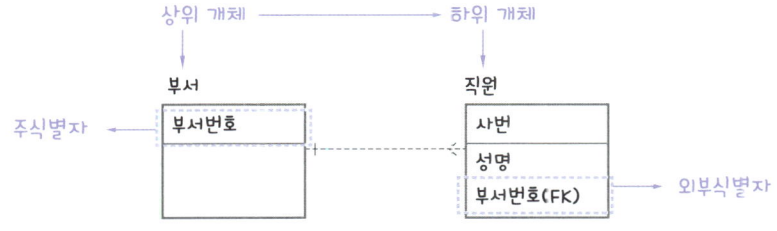

[그림 3-38] 상하위 개체와 외부식별자 표기

두 개체 사이에서 관계의 시작이 되는 개체를 상위 개체라고 하고 관계가 종료되는 개체를 하위 개체라고 합니다. 두 개체 사이에 관계가 연결되면 상위 개체의 주식별자는 하위 개체의 외부식별자가 됩니다. 아래의 그림은 관계의 종류들을 정리한 것입니다.

차수	필수관계		선택관계
	식별관계	비식별관계	
1 : 1	┼────┼	┼────┼	┼○────┼
1 : 0,1	┼────○┼	┼────○┼	┼○────○┼
1 : M	┼────K	┼────K	┼○────K
1 : 0,1, M	┼────○K	┼────○K	┼○────○K
M : M	※────○K	(없음)	(없음)

[그림 3-39] 관계의 종류

관계는 ① 상위 개체의 한 인스턴스에 대응하는 하위 개체의 인스턴스가 몇 개인가를 표시하는 차수관계(Cardinality), ② 상위 개체로부터 받아온 외부식별자가 하위 개체의 주식별자의 일부를 구성하는지 여부에 따른 식별/비식별관계, 그리고 ③ 상위 개체에 반드시 존재하는 인스턴스만을 하위 개체에서 참조할 수 있는지 여부에 따라 필수/선택(Optionality)의 세 가지 정보를 제공합니다. 선택관계는 비식별관계인 경우에만 가능합니다.

이중 M : M의 관계는 비즈니스적으로는 존재하지만 관계형 데이터베이스에서는 구현이 불가능한 관계이기 때문에 반드시 제거해야 하는 관계입니다.

① 두 개체 사이의 차수관계(Cardinality)
- 차수관계는 상위 개체의 한 인스턴스가 하위 개체의 몇 개의 인스턴스와 관계가 있는지를 나타냅니다.
- 1 : 1 관계: 상위 개체의 데이터 한 건이 하위 개체의 데이터 한 건과만 관계가 있는 경우에 발생합니다. 하나의 부서가 만들어지면 반드시 하나의 사원이 동시에 등록되어야 합니다. 이 경우에는 부서와 직원 두 개체에 데이터가 등록될 때 하나의 트랜잭션으로 처리되어야 합니다.

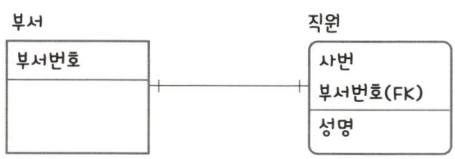

[그림 3-40] 1 : 1 관계 표기법

- 1 : 0,1 관계: 상위 개체에 부서가 만들어지면 직원이 없거나 한 명의 직원만 등록될 수 있습니다. 부서가 새롭게 등록되는 시점에 해당 부서의 직원이 같이 등록될 필요가 없습니다.

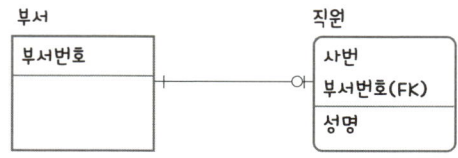

[그림 3-41] 1 : 0,1 관계 표기법

- 1 : M 관계: 하나의 부서가 등록되면 최소 한 명의 직원이 동시에 등록되어야 합니다. 또한 여러 명의 직원이 하나의 부서에 소속될 수 있습니다.

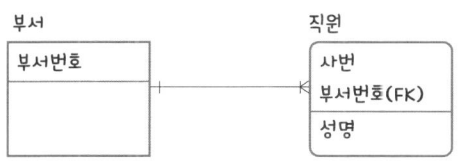

[그림 3-42] 1 : M 관계 표기법

- 1 : 0, 1, M 관계: 하나의 부서가 등록되면, 그 부서에 소속된 직원이 여러 명 있을 수 있습니다. 단, 부서가 등록되는 시점에는 직원이 없을 수도 있습니다.

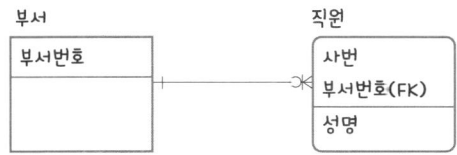

[그림 3-43] 1 : 0, 1, M 관계 표기법

- M : M 관계: 하나의 부서에 여러 명의 직원이 소속될 수 있고, 한 직원이 여러 부서에 동시에 소속될 수 있다는 의미입니다. 두 개체 사이에서 M : M 관계는 데이터 모델의 표기법 상으로는 존재하지만 물리적인 구현을 할 수 없습니다. 따라서 M : M 관계는 해소되어야만 하는 관계입니다.

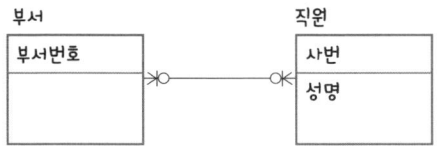

[그림 3-44] M : M 관계 표기법

② 두 개체 사이의 식별/비식별관계(Identify)
- 식별관계: 상위 개체의 주식별자가 하위 개체의 주식별자의 일부를 구성하는 관계입니다. 하위 개체는 최소 2개 이상의 속성으로 주식별자를 구성해야 합니다. 두 개체를 연결하는 선이 실선인 경우 식별관계임을 알려줍니다.

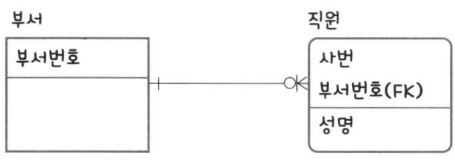

[그림 3-45] 식별관계 표기법

- 비식별관계: 상위 개체의 주식별자가 하위 개체의 주식별자의 일부를 구성하지 않는 관계입니다. 따라서 하위 개체의 속성만으로 유일성을 보장할 수 있는 주식별자를 가지고 있는 경우에 선정 가능합니다. 두 개체 사이를 점선으로 연결합니다.

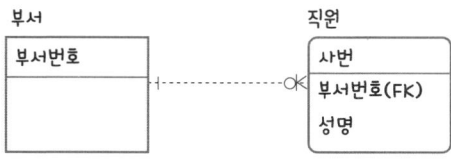

[그림 3-46] 비식별관계 표기법

③ 두 개체 사이의 필수/선택관계(Optionality)

- 필수관계: 필수관계는 상위 개체에 있는 인스턴스의 값만을 하위 개체의 참조식별자의 값으로 사용할 수 있는 경우입니다. 직원은 반드시 특정 부서에 소속이 되어야만 합니다.

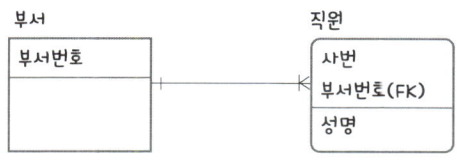

[그림 3-47] 필수관계 표기법

- 선택관계: 선택관계는 하위 개체에 어떤 데이터가 입력될 때 상위 인스턴스와 관계없이 NULL값으로 데이터가 들어갈 수 있다는 의미입니다. 아래 그림에서는 직원이 특정 부서에 소속되지 않고 등록될 수 있다는 의미입니다.

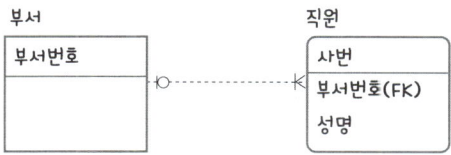

[그림 3-48] 선택관계 표기법

3.3.2 외부식별자 정의

외부식별자는 상위 개체의 주식별자를 상속받아 하위 개체의 속성 일부를 구성하는 식별자입니다. 외부식별자는 두 개체 사이에 관계가 연결되면 상위 개체의 주식별자를 하위 개체에서 자동으로 상속받아 생성됩니다. 외부식별자를 이용해서 상위 개체의 어떤 인스턴스와 연결되어 있는지를 파악할 수 있습니다.

외부식별자는 상위 개체의 주식별자의 명칭을 그대로 상속받습니다. 하지만 비즈니스에서 사용하는 의미를 명확하게 표시하기 위해서 다른 명칭을 부여하는 것이 가능합니다. 상속받은 외부식별자의 원 속성명을 사용하지 않고 그 역할에 따라 다른 명칭을 부여하는 것을 역할이름(Role Name)이라고 합니다.

다음의 예시에서 고객은 보험을 계약합니다. 보험계약 개체는 고객 개체로부터 고객번호를 상속받았습니다. 하지만 이 고객이 보험계약자로서의 고객인지, 보험금 납부자로서의 고객인지가 명확하지 않을 수 있습니다. 고객번호의 의미를 명확하게 하기 위해서는 외부식별자의 명칭을 보다 구체적으로 지정할 필요가 있습니다. 여기서는 계약고객번호로 그 의미를 보다 명확하게 정의했습니다.

ERgrin을 통해 외부식별자의 명칭을 변경하는 방법을 따라서 진행해보겠습니다.

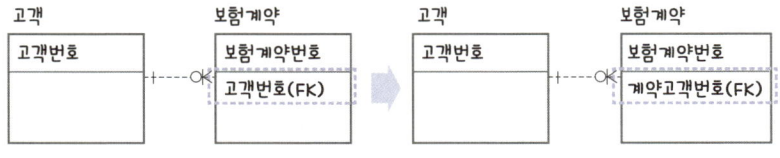

[그림 3-49] 외부식별자 지정

01 고객과 보험계약 사이의 관계를 더블클릭해서 편집창을 오픈합니다.

[그림 3-50] 외부식별자의 명칭 변경 편집창 오픈

02 역할 이름 정보 아래의 역할 이름에서 고객번호를 계약고객번호로 변경합니다.

[그림 3-51] 외부식별자 명칭 변경 예

3.3.3 식별자 업무규칙 정의

식별자 업무규칙은 데이터에 입력, 수정, 삭제가 발생할 때 관계 있는 두 개의 개체 사이에서 발생하는 데이터 처리규칙입니다. 데이터 모델에서 표현되는 애플리케이션의 처리규칙입니다.

① 입력규칙

입력규칙은 하위 개체에 새로운 데이터가 등록될 때 상위 개체로부터 받아온 식별자에 대한 처리규칙입니다. 아래 그림은 부서에 두 개의 부서가 등록되어 있고, 사원에 새로운 사원이 등록될 경우 부서에 없는 부서번호를 사용해서 등록되려고 하는 경우의 시나리오입니다.

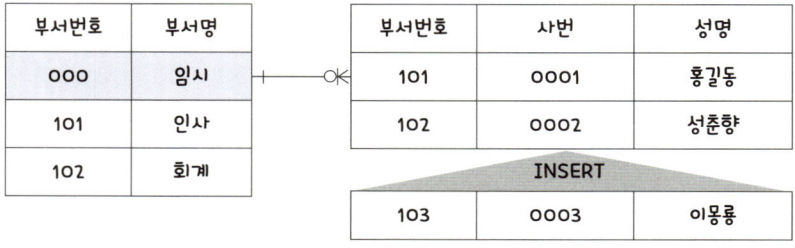

[그림 3-52] 식별자 입력규칙 예

- 의존 형태: 사원에 새로운 데이터가 입력될 때 부서에 있는 값만 가지고 등록될 수 있습니다. 따라서 103번 부서번호를 가지고 등록하려는 0003(이몽룡) 사원은 등록될 수 없습니다.
- 자동 형태: 부서에 103번 부서가 없기 때문에 부서 개체에 새로운 부서번호 103번을 등록하고 사원 개체에 103번 부서번호에 소속된 사원을 등록하는 방식입니다. 애플리케이션 화면에서 부서를 등록하는 화면을 중간에 보여주는 방식으로 처리 가능합니다.

- 기본 형태: 0003 사원이 등록될 경우 해당 부서가 없기 때문에 임시로 임의의 부서에 배정하는 방식입니다. 그림에서는 000으로 등록된 임시라는 부서로 사원의 소속부서를 변경한 뒤 등록하는 방식입니다.
- 지정 형태: 식별자 이외의 다른 속성의 값을 이용해서 일정한 조건이 만족되는 경우에만 등록되는 경우입니다.
- NULL 형태: 사원이 소속된 부서번호를 NULL로 처리해서 등록하는 방식입니다.
- 무관련 형태: 무관련 형태는 별다른 제약조건이나 규칙없이 103부서 그대로 사원을 등록하는 것입니다.

입력규칙에서 데이터의 참조무결성을 보장할 수 있는 것은 의존 형태입니다. 반면, NULL 형태나 무관련 형태는 참조무결성을 보장할 수 없기 때문에 피해야 하는 처리방식입니다.

② 수정규칙

수정규칙은 상위 개체의 식별자 값을 변경할 경우 하위 개체에서 이미 기존 값을 사용하고 있던 경우에 발생할 수 있는 처리규칙입니다.

부서번호	부서명
000	임시
101	인사
102	회계

↑ UPDATE

부서번호	부서명
103	회계

부서번호	사번	성명
101	0001	홍길동
102	0002	성춘향
102	0003	이몽룡

[그림 3-53] 식별자 변경규칙 예

- 제한 형태: 102 회계부서의 부서번호를 103으로 변경하려고 할 경우 사원에 이미 해당 부서에 소속된 사원이 있기 때문에 변경을 못하도록 제한하는 방식입니다.
- 연쇄 형태: 부서번호를 변경하려고 할 경우 102 부서에 소속된 사원의 부서번호도 같이 103으로 변경해주는 처리입니다. 연쇄 형태는 하나의 상위 개체 식별자의 값을 변경하는 경우 그에 따라 많은 하위 개체의 값이 변경되어야 하고, 처리과정에서 성능상의 문제가 발생할 수 있기 때문에 회피하는 처리방식입니다.

③ 삭제규칙

삭제규칙은 상위 개체의 특정 레코드가 삭제될 경우 하위 개체에 그 레코드의 식별자가 사용되고 있을 때 처리해야 하는 규칙들입니다.

부서번호	부서명
000	임시
101	인사
102	회계

부서번호	사번	성명
101	0001	홍길동
102	0002	성춘향
102	0003	이몽룡

[그림 3-54] 식별자 삭제규칙 예

- 제한 형태: 부서 개체에서 102 회계부서가 삭제될 경우 하위에 이미 102부서에 소속된 사원이 있는 경우 삭제가 되지 않도록 합니다.
- 연쇄 형태: 102 회계부서가 삭제될 경우 사원 개체의 해당 부서 소속 사원도 삭제하고 102부서를 삭제합니다.
- 기본 형태: 부서의 회계부서 삭제 시 해당 부서에 소속된 사원을 특정 부서로 변경한 뒤에 회계부서를 삭제합니다. 예를 들어 위의 그림에서

000 임시 부서로 사원의 부서를 변경한 뒤에 회계부서를 삭제합니다.
- 지정 형태: 특정한 업무규칙에 만족하는 경우에만 삭제합니다.
- NULL 형태: 사원 개체의 부서번호를 NULL 값으로 변경한 뒤에 회계부서를 삭제합니다.
- 무관련 형태: 아무런 규칙 없이 부서를 그냥 삭제합니다.

입력규칙과 같이 NULL 형태나 무관련 형태는 참조무결성을 저해해는 방식이기 때문에 피해야 합니다. 연쇄 형태의 경우는 수정규칙에서 언급한 바와 같이 성능 상의 문제가 발생합니다.

[표 3-4] 입력규칙

규칙	설명
의존 형태(Dependent)	상위 엔터티에 해당 식별자가 있을 때만 입력
자동 형태(Automatic)	상위 엔터티에 해당 식별자가 없을 때 상위 엔터티에 해당 식별자를 자동으로 생성하고 입력
기본 형태(Default)	하위 엔터티의 입력을 허용하고 상위 엔터티에 해당 식별자가 없으면 기본값으로 처리
지정 형태(Customized)	일정한 조건이 만족되는 경우에만 입력 허용
NULL 형태	특정 처리규칙이나 제약사항 없이 항상 그대로 입력 가능 NULL로 변환
무관련 형태	특정 처리규칙이나 제약사항 없이 항상 그대로 입력 가능

[표 3-5] 수정규칙

규칙	설명
제한 형태(Restrict)	상위 엔터티 수정 시 해당 식별자에 허용되는 하위 엔터티가 존재하면 수정 불가능
연쇄 형태(Cascade)	상위 엔터티 수정 시 해당 식별자에 대응하는 하위 엔터티가 존재하면 하위 엔터티의 대응 식별자도 변경한 뒤 상위 엔터티 수정

[표 3-6] 삭제규칙

규칙	설명
제한 형태(Restrict)	해당 상위 엔터티 삭제 시 하위 엔터티에 같은 식별자가 존재하지 않을 때 가능
연쇄 형태(Cascade)	상위 엔터티 삭제 시 해당 식별자와 같은 하위 엔터티를 모두 삭제하고 상위 엔터티 삭제
기본 형태(Default)	상위 엔터티 삭제 시 해당 식별자와 같은 하위 엔터티의 모든 값을 지정된 값으로 변경한 후 상위 엔터티 삭제
지정 형태(Customized)	일정 조건이 만족되는 경우에만 삭제 허용
NULL 형태	기본 형태와 같으며 해당 식별자의 하위 실체를 NULL로 변환
무관련 형태	특정 처리규칙이나 제약사항 없이 항상 그대로 삭제 가능

3.4 정리

① 개체 정의

- 개체는 비즈니스에서 관리해야 하는 사물이나 개념상의 대상
- 속성은 개체를 설명하는 기술자의 역할

② 식별자 정의
- 개체의 인스턴스를 식별할 수 있는 속성
- 주식별자, 대체식별자로 구분할 수 있으며, 향후 프로그램에서 조회 조건으로 활용됨

③ 관계 정의
- 개체들 사이의 연관관계를 표현
- 관계를 주그받는 방향성에 따라 상위 개체와 하위 개체로 구분할 수 있음
- 관계가 연결되는 것으로 외부식별자가 생성됨

Chapter 4
데이터 모델링(2)

목 표

- 데이터 모델의 기본 요소인 개체, 속성, 관계, 식별자를 정의하면 비즈니스에 필요한 데이터를 식별하는 작업은 완료됩니다. 데이터 모델의 세부 조정은 비즈니스 요건이 반영된 데이터 모델을 보다 더 관계형 데이터베이스의 구조에 적합하도록 조정하고, 성능의 문제가 없도록 예외처리를 진행하는 작업입니다. 이에 필요한 다양한 패턴을 설명합니다.
- 개발이 시작되면 데이터베이스에 대한 변경이 필요한 경우 이에 대한 통제가 이루어집니다. 이런 관리 절차를 잘 살펴보도록 합니다.

4.1 세부 조정

4.1.1 관계 조정

① M:M 관계

M : M 관계는 두 개체 사이에서 상호 1 : M 관계가 발생하는 경우입니다. 즉, 두 개체 사이에서 서로가 상위 개체의 역할을 하게 되는 경우입니다. 이 관계는 실제 비즈니스에서 빈번하게 발생하는 관계입니다.

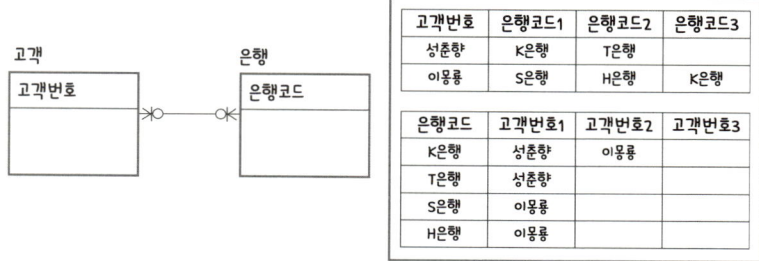

[그림 4-1] M : M 관계의 문제

사람들은 여러 은행에 계좌를 개설하고 한 은행은 여러 고객을 가질 수 있습니다. M : M 관계는 고객 개체의 경우 은행의 개수를 확정할 수 없게 됩니다. 반대로 은행 개체의 경우도 데이터 모델 상에서 고객의 수를 확정할 수 없는 문제가 발생합니다. 데이터베이스를 사용하기 전에 그 구조를 확정해서 선언해야 하는데 이 경우 확정이 불가능합니다. 이 문제는 고객과 은행 사이에 교차 개체를 두고, 이 개체에 고객과 은행이 각각 1 : M 관계를 연결하는 것으로 해소할 수 있습니다.

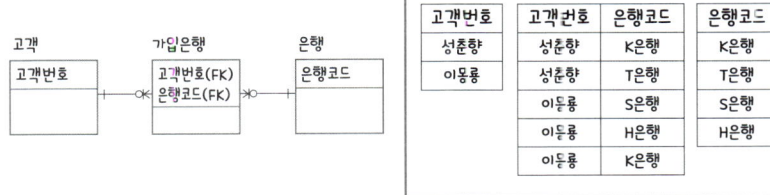

[그림 4-2] M : M 관계의 해소

② 자기참조관계

컴퓨터의 자료구조에는 링크드리스트, 트리, 그래프 등이 있습니다. 이런 자료구조를 이용해서 프로그램을 보다 깔끔하게 개발할 수 있습니다. 데이터베이스에도 이런 자료구조의 형태를 이용하는 것이 효율적인 경우가 많이 있습니다.

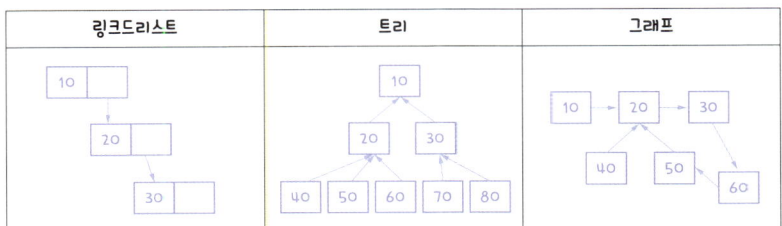

[그림 4-3] 자료구조의 유형

데이터베이스에 이런 형태의 자료구조를 정의하기 위해 데이터 모델에서 사용하는 것이 자기참조관계의 데이터 모델입니다. 각각이 자료구조에 대응하는 데이터 모델입니다.

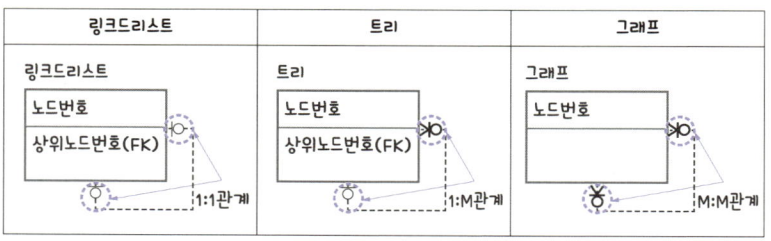

[그림 4-4] 자료구조에 대한 데이터 모델링 표현방법

링크드리스트는 1 : 1 관계로 설정 가능합니다. 여행을 하기 위한 여행 경로를 작성한다고 가정하겠습니다. 한 여행지에서 다른 여행지로 이동하는 경우 하나의 도착지를 표시하기 위해 여행경로의 순서를 작성했습니다. 이처럼 개체 내의 한 레코드를 자체적으로 참조하는 경우 1 : 1의 자기참조관계로 모델링할 수 있습니다.

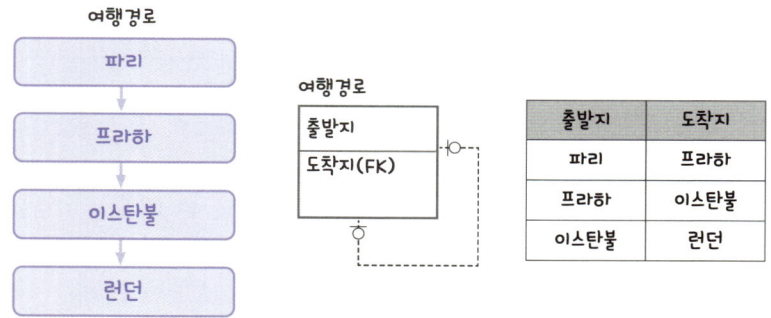

[그림 4-5] 1:1 관계의 자기참조관계

트리구조는 회사의 조직도를 보면 됩니다.

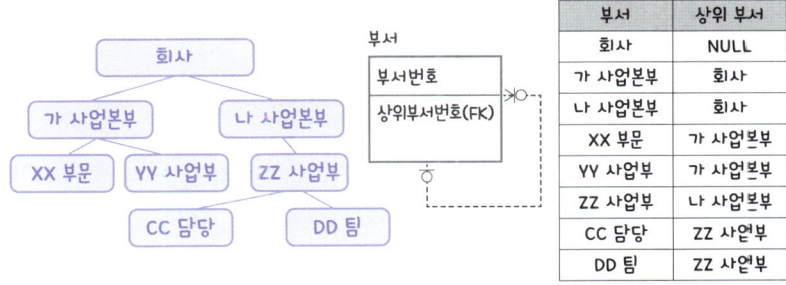

[그림 4-6] 1:M 관계의 자기참조관계

회사의 조직도는 하나의 상위 조직에 여러 개의 하위 조직이 있습니다. 이 조직도는 깊이가 서로 다릅니다. 이를 데이터 모델로 표현하면 1 : M의 자기참조관계로 간단하게 표현할 수 있습니다. 조직도 외에 게시판의 댓글구조로 손쉽게 표현할 수 있습니다.

그래프구조는 한 개체가 M : M 관계로 연결되는 구조입니다. 하지만, 관계형 데이터베이스에서 M : M 관계는 교차 개체를 생성해서 해소해야 하는 관계입니다. 따라서 M : M의 자기참조관계는 아래 그림과 같이 별도의 개체를 생성해서 표현할 수 있습니다.

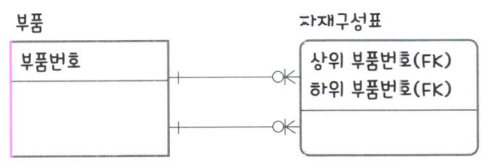

[그림 4-7] M:M 관계의 자기참조관계

이 관계는 하나의 상위 부품이 여러 개의 하위 부품을 가질 수 있고, 반대로 하나의 하위 부품이 여러 개의 상위 부품에 포함될 수 있습니다. 이 모델은 제조업체의 자재구성표에서 자주 볼 수 있는 모델이기 때문에 BOM(Bill of Material)이라고도 합니다.

부품
노트북 패키지
데스크탑 패키지
모니터
노트북
마우스
키보드
본체

상위 부품	하위 부품
노트북 패키지	노트북
노트북 패키지	마우스
데스크탑 패키지	모니터
데스크탑 패키지	마우스
데스크탑 패키지	본체
데스크탑 패키지	키보드

[그림 4-8] BOM 관계의 데이터 저장 예

자기참조관계를 ERgrin에서 설정하는 방법은 아래와 같습니다.

01 도구상자에서 비식별관계를 클릭합니다.

[그림 4-9] ERgrin 도구상자에서 비식별관계 선택

02 자기참조관계를 지정해야 하는 개체를 두 번 클릭합니다. 이때 더블클릭이 아닌 한 번 클릭한 뒤에 다시 클릭해야 합니다. 자기참조관계이기 때문에 해당 개체의 주식별자가 동일한 이름 뒤에 자동으로 숫자가 붙어서 외부식별자로 자동 생성됩니다.

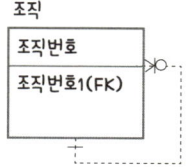

[그림 4-10] ERgrin에서 자기참조관계 설정

03 관계를 더블클릭한 뒤에 조직번호1의 역할 이름을 적절한 명칭으로 변경합니다.

[그림 4-11] ERgrin에서 역할명 부여

③ 병렬관계

하나의 개체에서 2개 이상의 관계가 동일한 상대 개체로 관계를 가지는 경우입니다. 아래 그림은 은행에서 여러 통화들의 상호 환전을 위한 변환표를 모델링한 것입니다. 모델 자체는 앞에서 설명한 BOM 구조와 유사합니다. 하지만 BOM 관계는 데이터들 사이에 상하위관계를 표현한 반면에 병렬관계는 상하위가 아닌 평등한 관계의 모델입니다.

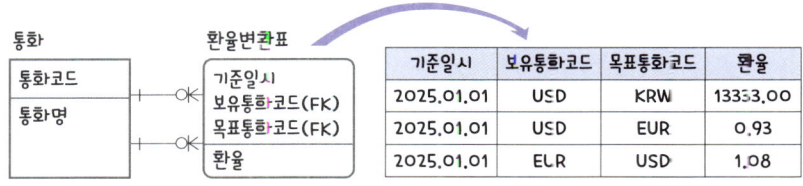

[그림 4-12] 병렬관계의 예시

④ 선택적 1:M 관계

선택적 1 : M 관계는 하나의 관계 양쪽이 모두 선택적 관계가 되어서 논리적으로는 두 개체 사이에 관계가 있지만, 실제 데이터는 최악의 경우 전혀 관련 없는 개체가 되어버릴 수 있는 사례입니다.

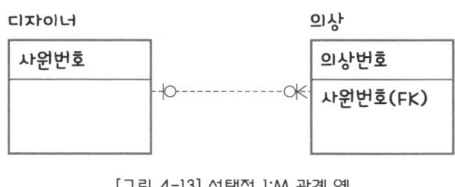

[그림 4-13] 선택적 1:M 관계 예

이 모델은 의상 개체의 사원번호가 NULL값을 허용하게 됩니다. 식별자 처리규칙에서도 언급했지만 NULL 형태는 데이터의 무결성을 보장하기 어렵기 때문에 이 패턴의 모델을 사용하는 것은 주의가 필요합니다.

⑤ Arc 관계

두 개 이상의 상위 개체로부터 동일한 외부식별자를 관계를 통해 받는 하위 개체가 있는 경우에 사용합니다. 계좌는 개인고객과 기업고객 모두 개설할 수 있지만, 상위의 개체가 개인고객과 기업고객으로 분리되어 있는 경우 여러 관계가 동일한 속성을 상속받음을 명시적으로 표시하기 위해서 사용합니다.

이런 경우에 하위 개체인 계좌에는 고객번호가 어떤 상위 개체로부터 받아온 것인지를 표시하기 위해 이를 구분하기 위한 속성을 추가로 가지도록 모델링하는 것이 필요합니다.

[그림 4-14] Arc 관계의 예시

⑥ 순환관계

순환관계는 개체들 사이의 참조관계가 원형을 나타내며, Finkelstein 같은 사람은 어떤 대가를 치르더라도 반드시 제거해야 하는 관계라고 정의합니다.

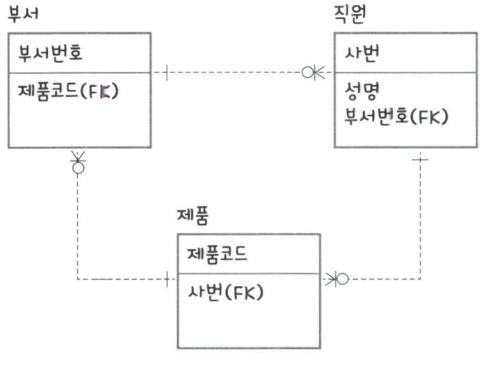

[그림 4-15] 순환관계의 예시

부서는 여러 명의 직원이 소속되어 있고, 직원은 여러 개의 제품을 관리합니다. 그리고 제품을 관리하는 부서가 있습니다. 관계의 순서는 부서 → 직원 → 제품 → 부서로 관계가 순환됩니다. 이 관계는 다음과 같이 해소됩니다.

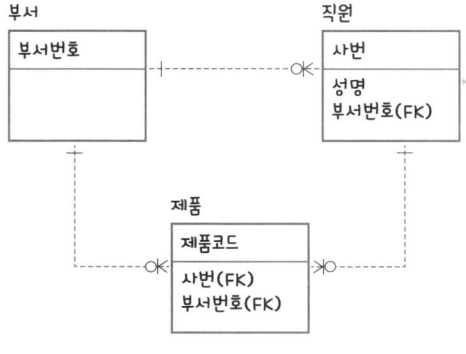

[그림 4-16] 순환관계의 해소

부서는 여러 명의 직원을 관리하며, 해당 부서의 직원이 관리하는 제품은 그 부서가 관리하는 제품이기 때문에 부서와 제품의 관계를 지정합니다.

ⓐ 3자관계

3자관계는 순환관계와 구별됩니다. 3자관계는 반드시 해결해야 하는 관계는 아니지만 데이터의 중복이 발생하거나 실제 관계가 없을 수도 있는 문제가 있기 때문에 가급적이면 해결할 것을 고려해야 하는 관계입니다. 3자관계와

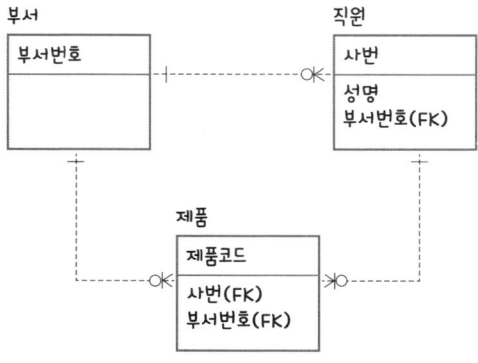

[그림 4-17] 3자관계의 예시

순환관계를 구별하는 방법은 상위 개체와 하위 개체의 관계를 파악하면 됩니다. 순환관계는 각 개체의 상/하위관계가 상호 간에 발생하는 관계입니다.

　직원 개체의 부서번호를 통해 찾아갈 수 있지만 제품 개체에서 직접 관리하기 위해서 부서와 제품 두 개체 사이에 관계를 연결했습니다. 이 형태의 관계 연결은 데이터의 무결성에 문제가 발생할 수 있습니다. 아래 예시에서 성춘향은 인사부서에 소속되어 있습니다. 하지만 3자관계로 인해 제품 개체가 직접 부서 개체와 연결해서 부서번호를 관리한다면 회계부서라는 담당자의 부서가 아닌 다른 부서와 연결되더라도 이를 방지할 수 있는 수단이 없습니다.

부서번호
인사부서
회계부서
영업부서

사번	부서번호
성춘향	인사부서
이몽룡	회계부서
홍길동	영업부서

제품코드	사번	부서번호
100	성춘향	회계부서
200	성춘향	영업부서
300	이몽룡	인사부서

[그림 4-18] 3자관계의 문제점

　3자관계를 해소하는 방법은 두 가지가 있습니다. 첫번째 방법은 부서와 직원의 소속관계를 별도의 개체를 도출한 뒤에 그 개체와 제품을 연결하는 방법입니다. 하지만 제품 개체에서 그 제품을 관리하는 부서를 나타내기 위해 새로운 개체를 도출해야 하는 단점이 있습니다. 다른 방법은 부서와 직원 사이의 관계를 비식별자 관계에서 식별자 관계로 변경하는 것입니다. 이 방법은 직원 개체의 유일성을 사번 속성이 보장함에도 불구하고 불필요하게 부서번호를 주식별자로 추가해야 하는 부담이 발생합니다.

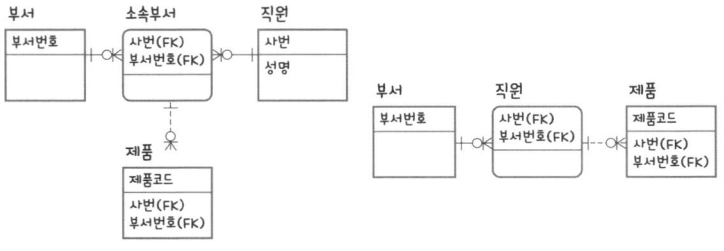

[그림 4-19] 3자관계의 해소

⑧ 중복관계

중복관계는 상위 개체로부터 하위 개체로 두 개 이상의 관계가 연결되는 유형입니다. 이 형태는 개체들 사이의 관계가 복잡해지고 관리하기가 어렵기 때문에 정리하는 것이 필요합니다. 중복관계는 각 관계마다 역할명을 부여해야 합니다.

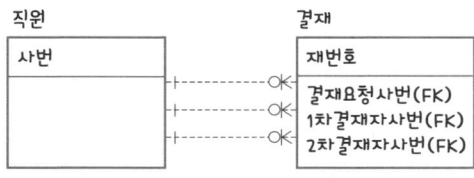

[그림 4-20] 중복관계의 예시

하나의 결재에 대해서 결재요청자, 1차결재자, 2차결재자 등 다양한 결재 관련자가 있습니다. 하지만 이 경우도 결재 단계의 차이가 있을 수 있습니다. 이를 해소하기 위해서는 별도의 개체를 도출하고 결재에 대한 역할을 코드화해서 해소할 수 있습니다.

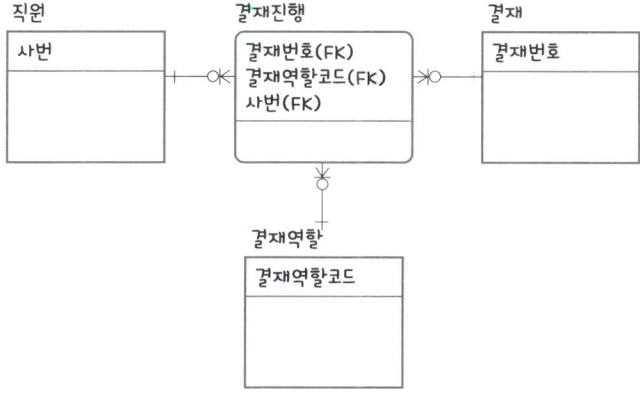

[그림 4-21] 중복관계의 해소

⑨ 통합 외부식별자 관계

아래의 예제는 한 명의 학생이 여러 강의를 수강 신청할 수 있고, 하나의 강의를 여러 교수가 나눠서 담당할 수 있으며, 각 담당교수가 수강신청명단에 따라 강의를 한다는 전제하에 작성된 모델입니다.

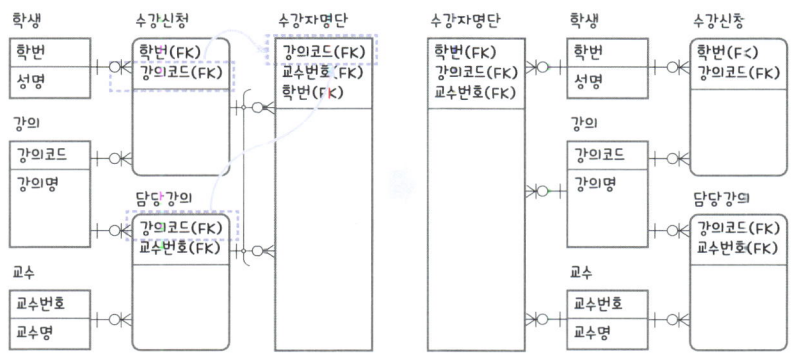

[그림 4-22] 통합 외부식별자 문제

이 모델은 외부식별자에서 아래와 같은 문제가 발생할 수 있습니다. 즉 수강자명단 개체는 수강신청 개체와 담당강의 개체의 강의코드에 역할 이름을 따로 부여하지 않는 한 다른 두 상위 개체로부터 강의코드를 두 번 상속받게 됩니다. 이것을 통합 외부식별자(Unified Foreign Identifier) 문제라고 합니다.

이 모델을 개선하면 담당강의와 수강신청은 각각 관리하면서 수강자명단은 학생, 강의, 교수로부터 직접관계를 연결해서 이를 해결하는 1차 방안이 있습니다. 하지만 이 경우 학생이 수강신청한 강의와 전혀 관계없는 과목을 수강하는 것을 논리적으로 막을 수 없습니다. 이 모델은 최종적으로 다음과 같이 수정할 수 있습니다. 각 교수가 담당하는 강의 과목은 수강신청 전에 미리 지정합니다. 그리고 학생은 각 과목과 담당교수를 보고 수강신청을 하는 형태로 조정 가능합니다.

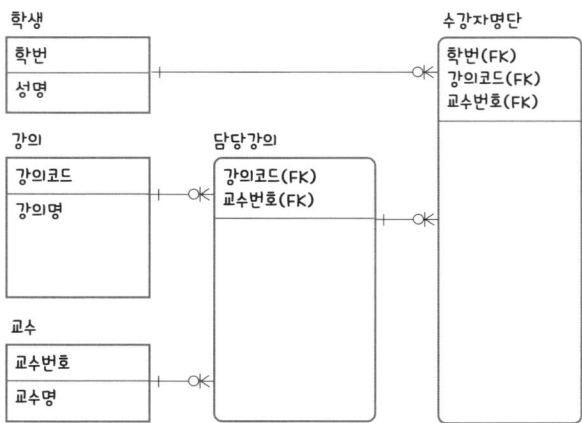

[그림 4-23] 통합 외부식별자 문제의 해소

4.1.2 반정규화

반정규화는 정규화 과정을 거친 데이터 모델을 성능을 고려해서 중복 데이터를 허용하도록 데이터 모델을 조정하는 과정입니다. 중복 데이터 외에도 서비스 개발의 과정에서 프로그램의 하드코딩 등을 방지하기 위한 용도의 개체를 생성하는 경우도 빈번하게 발생합니다.

① 서비스 개발 용도의 반정규화

개체는 둘 이상의 데이터를 가진 경우에 도출한다고 설명했습니다. 하지만 실제 개발하는 과정에서는 프로그램 내부의 하드코딩을 방지하기 위해서 예외가 발생할 수 있습니다.

  비즈니스에서 거래처를 관리하는 개체를 만드는 것은 당연한 일입니다. 그리고 거래처들과 세금계산서를 발행하게 됩니다. 또한 회사 홈페이지에 회사의 연락처 등을 게시하는 것도 빈번한 일입니다. 회사가 이사를 하거나 전화번호 등이 변경되는 경우에 세금계산서를 발행하는 프로그램, 홈페이지에 게시된 연락처나 주소 등이 변경될 경우 애플리케이션에서 직접 관리하지 않고 데이터베이스를 통해서 관리하는 방법이 있습니다.

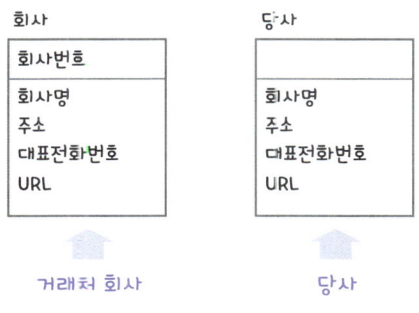

[그림 4-24] 하드코딩 방지용 개체 생성

회사라는 개체는 거래처를 관리합니다. 거래처는 둘 이상의 대상이 있기 때문에 독립적인 개체로 도출하는 것이 필요합니다. 하지만 당사의 경우 하나의 데이터만 가지고 있습니다. 개체를 도출하는 기준에 의하면 도출할 필요가 없는 개체이지만, 애플리케이션에 변경가능한 데이터를 제공한다는 의미에서 설계과정에서 고려할 수 있습니다.

② 집계용 개체의 생성

거래내역				월별 집계	
거래일시	사용금액	내용		거래월	사용금액합계
2023.11.09 14:30:52	23,000	식사비		2023.11	26,000
2023.11.10 09:40:46	3,000	복사비		2023.12	245,598
2023.12.11 10:24:00	74,970	전화요금			
2023.12.27 10:17:10	80,379	건강보험납부			
2023.12.27 10:17:11	90,249	국민연금납부			

[그림 4-25] 개별 거래내역과 집계성 데이터

집계성 데이터는 개별 거래내역으로부터 유도되는 데이터입니다. 집계성 데이터는 조회 성능을 높이기 위해서 사용합니다. 거래내역은 매일 사용하는 금액을 기록하게 됩니다. 매달 사용한 금액의 합계를 계산하기 위해서는 거래내역을 이용해도 가능합니다. 데이터가 많을 경우 매번 GROUP BY로 집계하는 부담이 발생합니다. 이런 부담을 제거하기 위해서 별도의 집계

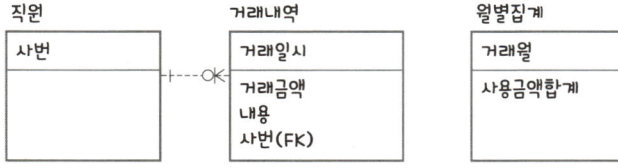

[그림 4-26] 집계용 개체의 생성

용 개체를 생성하게 됩니다. 집계용 개체의 특징은 타 개체와 관계를 연결하는 경우가 거의 없습니다.

년월별집계	년도	1월	2월	3월	4월	5월	6월	7월	8월	9월	10월	11월	12월
집계년 집계월 집계금액	2021년	0	0	0	0	0.19	1.69	12.68	14.28	215.78	368.11	493.69	628.4
	2022년	555.64	628.05	534.26	608.29	749.02	487.30	799.70	604.22	487.79	893.57	655.59	782.80
	2023년	771.40	667.19	503.58	893.30	882.97	556.31	1082.66	807.97	345.15	1084.10	800.85	552.82
	2024년	1077.55	384.1										

[그림 4-27] 집계성 데이터의 구성

년과 월 단위로 집계를 내는 경우가 빈번합니다. 이 경우 주식별자를 년과 월로 데이터 모델을 구성하는 것이 가능합니다. 하지만 사용자가 이 데이터를 조회하는 사용자 화면이 위와 같이 행열로 구성되는 경우가 많이 있습니다. 정규화된 형태의 구조에서는 셀프 조인이 여러 번 발생할 수 있기 때문에 처리과정이 복잡해집니다. 성능에 보다 유리한 구조는 월별 속성을 만들어서 조회화면과 동일한 구조로 만드는 것입니다. 특히 12개월은 확정되어 있는 반복 속성 그룹이지만 추후 데이터 모델이 변경될 가능성이 없는 모델입니다.

연별집계

집계년
01월집계금액
02월집계금액
03월집계금액
04월집계금액
05월집계금액
06월집계금액
07월집계금액
08월집계금액
09월집계금액
10월집계금액
11월집계금액
12월집계금액

[그림 4-28] 확정된 반복 속성 그룹을 통한 반정규화

③ 코드 관리

코드는 비즈니스적으로 사용하는 특정 데이터를 기호화해서 표현한 것입니다. 코드의 특징은 (1) 데이터의 양이 많지 않으며, (2) 코드와 코드의 의미 정도로 관리해야 하는 속성이 적으며, (3) 데이터의 증가가 거의 없다는 것입니다. 데이터를 기호로 표현하는 이유는 오입력의 가능성의 감소, 기호화된 표현으로 인한 보안성 강화, 전송 데이터의 전송량 감소를 위해서 사용합니다. 코드와 같은 데이터를 범주형 데이터라고도 합니다. 아래는 은행에서 많이 사용하는 코드의 예시입니다.

[표 4-1] 코드 정의 사례 예시

코드명	유효값	유효값명
실명구분코드	1	개인
	2	법인
	7	외국인
입금지급구분코드	1	지급
	2	입금
원금보전상품여부	N	미보전
	Y	보전
중복여부	0	미중복
	1	중복
결재상태코드	C	반려
	N	결재대기중
	Y	결재완료

코드명은 각각의 독립적인 개체로 도출 가능합니다. 각 코드명은 개체의 명칭이 됩니다. 반면 각 개체의 속성은 유효값과 유효값명으로 동일한 구조입니다. 이런 동일한 구조의 개체가 많을 경우 이를 통합하는 것이 가능합니다.

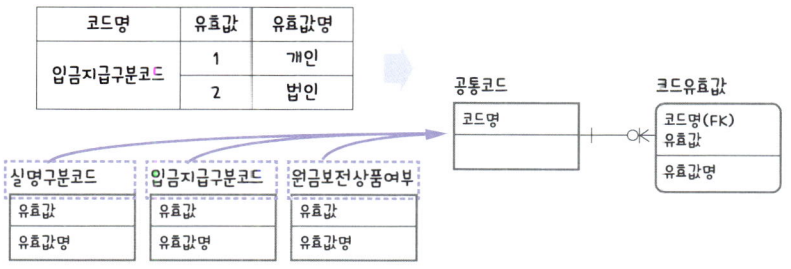

[그림 4-29] 공통코드의 통합화

코드별로 도출한 독립적인 개체는 공통코드라는 하나의 개체로 통합 가능합니다.

④ 인조식별자 관리

개체의 주식별자는 개체가 가지는 속성 중 비즈니스적인 대표성을 가지면서 유일성을 대표하는 속성으로 선정합니다. 하지만, 서비스를 개발하는 과정에서 이런 조건을 만족하는 식별자를 찾기는 쉽지 않습니다. 또한 하나의 속성이 아니라 여러 속성으로 주식별자를 구성해야 하는 경우도 빈번하게 발생합니다.

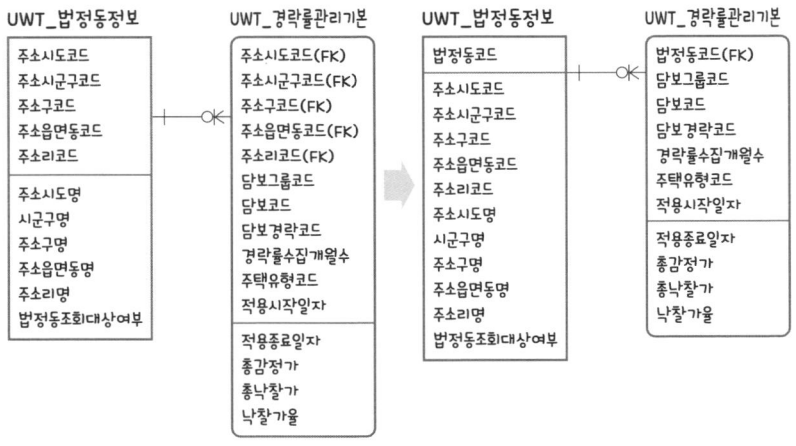

[그림 4-30] 인조식별자의 예시

　[UWT_법정동정보]는 주소시도코드, 주소시군구코드, 주소구코드, 주소읍면동코드, 주소리코드 5개의 속성이 주식별자를 구성하는 복합식별자의 구조입니다. [UWT_경락률관리기본]은 상위 개체인 [UWT_법정동정보]의 5개 속성을 모두 외부식별자로 받아오게 됩니다. 하위 개체로 내려갈수록 식별자를 구성하는 속성의 개수가 너무 많아지게 됩니다. 주식별자의 구성을 단순화해서 하위 개체가 상속받는 속성의 수를 줄이기 위해서 인조식별자를 만들어서 관리하는 것이 필요합니다.

　[UWT_법정동정보]의 주식별자를 인위적으로 법정동코드로 변경하고 기존 주식별자를 구성하던 속성을 모두 일반 속성으로 변경해서 구조를 단순화했습니다. 이에 따라 [UWT_경락률관리기본]의 주식별자도 상대적으로 단순화되었습니다.

인조식별자를 만들 때 기존 속성을 이용하는 방법과 일련번호 형태로 구성하는 방법, 두 가지가 있습니다. 아래 그림은 기존 속성을 결합해서 새로운 법정동코드를 이용해서 활용하는 것입니다. 일련번호를 이용하는 방법은 기존 속성을 활용하지 않고 순차적으로 번호를 채번하는 방식입니다.

주소시도코드 (2자리)	주소시군구코드 (2자리)	주소구코드 (2자리)	주소읍면동코드 (2자리)	주소리코드 (2자리)	→	법정동코드 (10자리)
10	11	37	98	01		1011379801

[그림 4-3] 속성값을 조합해서 새로운 인조식별자 생성 예시

⑤ 채번 관리

데이터베이스에서 채번은 주식별자의 값을 정하기 위한 용도로 사용합니다. 업무적으로 의미있는 속성을 주식별자로 선정하는 경우가 많기는 하지만, 간혹 의미없는 일련번호 형태로 채번을 하는 경우도 있습니다. 앞에서 인조식별자를 만드는 경우는 업무적으로 의미있는 값을 찾기 어려운 경우나 여러 개의 속성을 결합해서 주식별자를 만드는 경우에 이를 대신해서 인조식별자를 만들 수 있다고 했습니다.

따라서 채번을 하는 과정에서 유일성을 보장할 수 있어야 합니다. 채번의 경우 성능 상의 문제가 발생할 수 있기 때문에 비즈니스적으로 의미있는 값을 일정한 규칙에 따라 만들기도 하고, 특별한 규칙없이 일련번호 형태로 그 값을 정하기도 합니다.

> (1) 채번용 개체를 이용하는 방법
> (2) 데이터베이스에서 제공하는 기능을 이용하는 방법
>   데이터베이스에서 제공하는 자동증가 기능을 이용해서 테이블 생성 시 주식별자를 자동증가하도록 지정하거나, 오라클 데이터베이스 관리시스템은 시퀀스라는 별도의 채번용 오브젝트를 제공하기 때문에 미리 생성해 놓고 사용
> (3) 애플리케이션에서 번호를 만드는 방법
>   해시를 이용해서 유일한 값을 애플리케이션에서 만들어내거나, Redis 같은 인메모리 저장소를 이용해서 채번

데이터 모델에 명시적으로 번호를 새로 생성하기 위한 일정한 규칙은 주민등록번호가 하나의 예입니다. 주민등록번호는 각 자릿수마다 의미를 가지고 있습니다. 등록순서는 매번 채번마다 번호가 갱신되는 값입니다.

아래 그림은 주민등록번호의 생성규칙입니다.

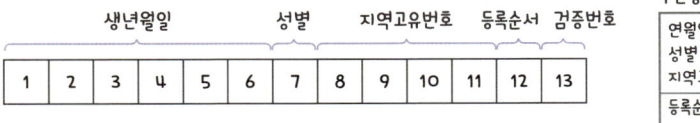

[그림 4-32] 채번규칙 예시

⑥ 이력 데이터 관리

데이터는 특정 시점에 하나의 데이터값만 가질 수 있습니다. 이력 데이터 관리는 시간이 진행됨에 따라 변하는 데이터를 보존하고 관리하는 방법을 이력관리라고 합니다. 이력관리와 내역관리는 구분해야 합니다.

신용카드를 사용하면 사용일자, 사용금액 등 매번 사용내역을 기록합니다. 카드로 결제를 한 뒤에 반품 등으로 그 카드 사용내역을 취소하는 경우에 과거 사용한 거래내역의 상태를 변경해서 처리하지는 않습니다. 이런 이유는 카드를 사용하고 취소 전에 청구서가 작성이 되면 청구금액을 다시 산출해야 하기 때문에 카드 사용에 대한 거래내역과 취소내역을 별도의 거래로 처리하게 됩니다. 이처럼 과거의 데이터를 변경하지만 새로운 거래를 통해 과거 시점의 거래를 변경하는 형태는 이력관리가 아닌 새로운 거래내역을 통해 상쇄시키는 방식입니다.

카드거래내역

거래번호	카드번호	거래일자	거래금액	취소거래여부	원거래번호
12345	1234	2023.12.30	10,000	N	
13345	1234	2024.01.15	-10,000	Y	12345

[그림 4-33] 내역관리 개체의 예시

이력관리는 이와 반대로 과거 시점의 데이터값을 보존해야 하는 경우에 그 변경과정을 기록하는 관리방법입니다. 이력관리를 위해서는 별도의 개체를 도출해야 합니다. 이력관리를 위한 개체를 도출하는 다양한 패턴이 있습니다.

예를 들어 은행의 지점은 다양한 속성을 가지고 있습니다. 이 중 특정 속성의 값이 변경되면 변경 이전의 값을 별도로 만든 개체에 저장합니다.

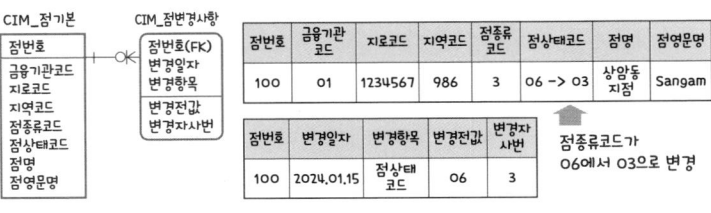

[그림 4-34] 변경 전 값 관리 유형

[CIM_점변경사항] 개체는 [CIM_점기본]의 특정 속성에 변경이 발생하면 이전 값을 저장하는 개체입니다. 점상태코드가 변경되면 변경 전의 값은 [CIM_점변경사항] 개체의 변경전값 속성에 복사됩니다. 이때 어떤 속성의 값이 변경되었는지를 파악하기 위해서 변경항목 속성을 통해 점기본의 어떤 속성이 변경된 값인지를 식별할 수 있도록 합니다. 아래쪽 테이블은 [CIM_점기본] 개체의 점상태코드가 2024년 1월 15일에 변경되었으며, 변경 전의 값은 06이라는 의미입니다. 그리고 변경한 직원의 사번은 3번입니다. 이런 유형의 이력관리는 과거 시점의 데이터를 재현해서 볼 필요는 없고, 다만 누가 어떤 데이터를 변경했는지를 확인하기 위한 용도로 활용합니다. 보통은 데이터 변경의 감사 목적으로 사용하는 경우에 사용합니다.

이력관리를 위한 다른 유형은 이력관리를 위한 개체를 원래 개체와 동일한 속성으로 구성하고 데이터의 변경이 발생할 때 원 개체의 모든 속성값을 그대로 복사해서 관리하는 방식입니다. 데이터에 여러 번 변경이 발생하면 변경되지 않은 속성도 그대로 복사해서 이력을 관리하는 방식입니다. 이 패턴은 변경 전 데이터의 전체를 스냅샷으로 찍어 향후 과거 시점의 데이터를 그대로 복원해서 활용해야 하는 경우에 사용합니다.

이 패턴은 데이터가 변경된 시점의 스냅샷만을 관리하기 때문에 해당 데이터가 적용된 기간에 대한 정보를 확인할 수 없습니다. 이를 보다 개선한 형태의 이력관리는 데이터가 적용된 기간을 관리하는 패턴입니다.

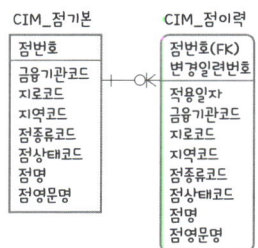

[그림 4-35] 스냅샷 이력관리 유형

[CIM_점이력] 개체의 데이터는 [CIM_점기본] 개체의 데이터가 변경되면 변경 전의 데이터가 적용되었던 시작일자와 종료일자를 관리합니다. 아래 데이터의 예제를 보면 2014년 1월 1일부터 2024년 1월 15일까지의 기간 동안 점상태코드가 06이었으며, 2024년 1월 16일부터는 점상태코드가 03이라는 의미입니다.

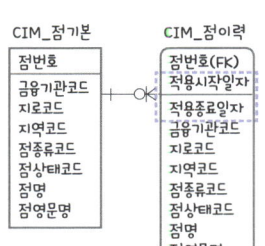

[그림 4-36] 진행이력 패턴

이 패턴은 이력 데이터가 적용되었던 기간을 정확하게 복원할 수 있다는 장점을 가지고 있습니다. 하지만 스냅샷과 진행이력 패턴 모두 데이터량이 증가한다는 단점을 가지고 있습니다.

⑦ 테이블 분할

특정 테이블에 많은 데이터가 축적되면 조회 성능이 저하됩니다. 성능 개선을 위해서는 테이블을 분할해야 합니다. 테이블을 분할하는 방식은 수직분할과 수평분할, 두 가지가 있습니다.

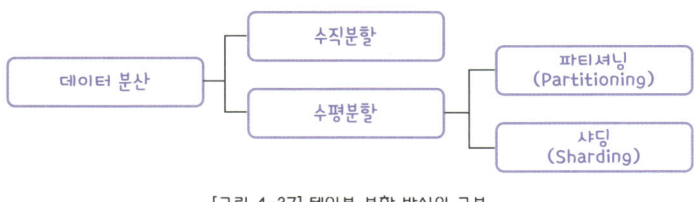

[그림 4-37] 테이블 분할 방식의 구분

[표 4-2] 테이블 분할의 종류

수직분할		테이블의 컬럼 중 일부를 분할해서 여러 개의 다른 테이블을 만드는 방법
수평분할	파티셔닝 (Partitioning)	테이블의 데이터를 일정 기준에 따라 다른 테이블로 나누는 방법 각 테이블의 컬럼은 동일하며 개발자나 사용자에게는 각 테이블이 개별 테이블로 노출되지 않음. 동일한 서버에 데이터가 저장
	샤딩 (Sharding)	동일한 테이블 구조를 가지고 있는 데이터를 여러 개의 데이터베이스로 분산해서 저장

    테이블이 가지고 있는 컬럼의 개수가 매우 많고 데이터가 등록될 때 그 컬럼의 일부에만 데이터가 들어가는 경우에 이 컬럼을 분할해서 별도의 테이블로 구성하는 것입니다.

    [FRF_계약기본]이 수직분할 되기 전에는 일부 컬럼에 데이터가 처음 등록되고 이후에 기업여신에 해당하는 컬럼에 데이터가 업데이트되는 방식으로 처리가 됩니다. 반면 수직분할을 하게 되면 [FRF_계약기본]에 데이터가 등록되고 이후 필요 시에 [FRF_기업여신계약기본]에 데이터가 새로 등록됩

니다. 수직분할은 데이터의 등록과 일부 컬럼에 갱신이 빈번하게 발생하는 경우에 유용한 반정규화 형태입니다.

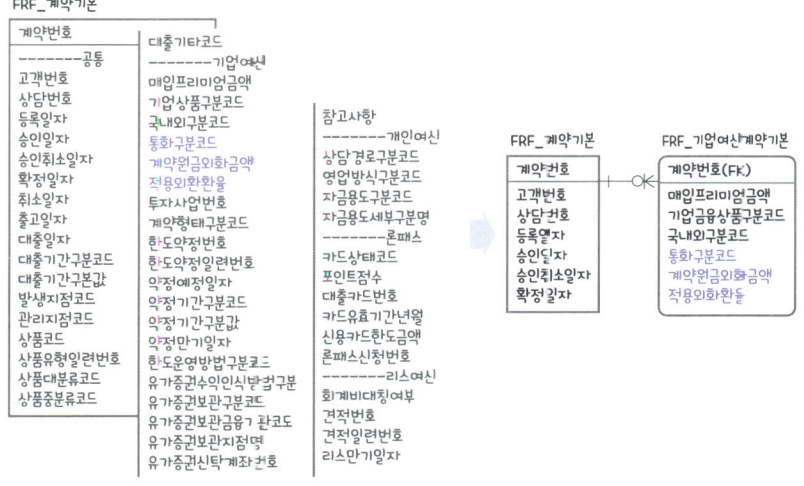

[그림 4-38] 테이블 수직분할

수평분할은 데이터의 수가 많은 경우 데이터의 일부를 특정 기준에 따라 별도의 테이블에 분산해서 저장하는 방식으로 데이터가 하나의 서버에 있는지 여러 개의 서버로 분산되는지에 따라 파티셔닝과 샤딩으로 구분할 수 있습니다. 수평분할을 위해서는 주식별자가 변경될 수 있는데 이를 파키션키 또는 샤딩키라고 합니다.

앞에서 보았던 [FRF_계약기본]에 데이터가 많은 대용량 테이블이라면 이를 위해서 각 월별로 별도의 테이블로 분리하는 것입니다. 단 이렇게 분리를 하면 데이터 모델에 명시적으로 12개의 테이블을 반영해서 구조를 설계해야 합니다.

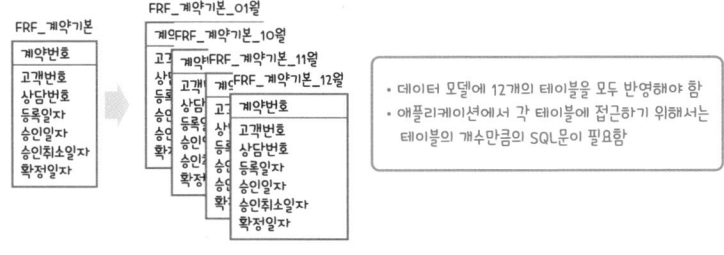

[그림 4-39] 테이블 수평분할

최근의 관계형 데이터베이스 관리시스템은 파티션 기능을 제공함에 따라 개발자나 사용자는 논리적으로 하나의 테이블을 보지만, DBA가 테이블을 생성하는 시점에서 파티션 옵션을 줌으로 인해 물리적으로 분리된 구조를 생성할 수 있습니다. 파티션의 장점은 데이터가 증가함에도 데이터 모델을 변경할 필요가 없으며, 애플리케이션의 수정도 필요하지 않다는 것입니다.

하지만, 데이터베이스를 생성하기 전에 파티션을 위한 키를 미리 모델에 반영해 두어야 합니다. 특히 주식별자의 첫번째 속성으로 파티션키를 지정하는 것이 좋기 때문에 원래 비즈니스의 목적에 따라 주식별자를 선정했더라도 부수적인 속성이 추가됩니다.

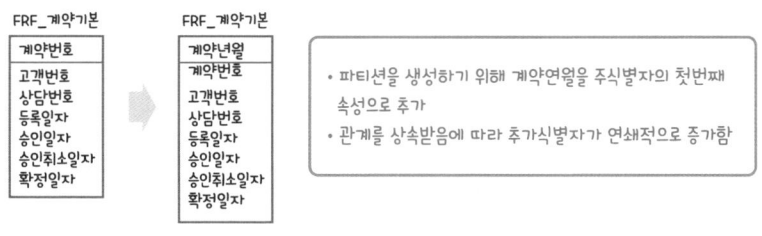

[그림 4-40] 테이블 파티션을 위한 키 선정

샤딩은 파티셔닝과 비슷하지만, 여러 데이터베이스에 분산해서 저장한다는 점입니다. 즉, 데이터베이스의 수평확장이 이루어지는 것입니다. 샤딩을 데이터 모델에 표현하는 방식은 따로 없습니다. 시스템을 처음 개발하는 중에 데이터가 얼마나 발생할 것인가를 미리 산정하고 인프라 담당자, DBA 등과 사전 협의해서 인프라적인 아키텍처를 먼저 결정하는 것이 필요합니다.

4.2 데이터 모델 검토

데이터 모델을 작성하고 데이터베이스를 생성해서 개발을 시작하기 전에 비즈니스 요건이 잘 반영되고 개발에 진입하기에 적절한지를 검토하는 작업이 필요합니다. 데이터 모델을 검토하는 기준에 대해서 보겠습니다.

[표 4-3] 개체 검토 항목

검토 항목	내용
명칭	비즈니스적으로 의미있는 명칭을 사용했는가?
상호배타성	모든 데이터를 하나의 개체에 저장할 수 있는가?
개체의 특성	개체의 특성에 대해서 파악했는가?
정규화 준수	정규화 규칙을 준수했는가?
식별자	식별자의 선정은 적절했는가?
주식별자	주식별자의 선정은 적절한가? 유일성보장, 간결한 구성, NULL여부
속성의 구성	최소 2개 이상의 속성이 존재하며, 서로 밀접한 관련있는 속성들로 구성되었는가?

[표 4-4] 관계 검토 항목

검토 항목	내용
차수와 식별성	정확한 관계 파악 및 표기법을 사용했는가?
구분	식별/비식별관계를 잘 파악해서 반영했는가?
M : M 관계의 해소	M : M 관계를 해소하고 교차 개체를 적절하게 도출했는가?
참조무결성	데이터 및 업무 연관관계를 고려해서 참조무결성 규칙이 식별되었는가?
고립관계	관계가 누락된 개체가 존재하는가? 예외가 있다면 이유는 무엇인가?
중복관계	중복된 관계가 정의된 것이 있는가?
순환참조관계	순환참조관계가 제거되었는가?

[표 4-5] 식별자 검토 항목

검토 항목	내용
명칭	식별자의 정확한 명칭
중복성	식별자의 중복 가능 여부 검토
변경 가능성	시간의 변화 또는 업무 변화에 따른 식별자 변경 가능성

[표 4-6] 속성 검토 항목

검토 항목	내용
명칭	비즈니스를 잘 표현할 수 있는 적절한 명칭을 사용했는가?
데이터 파악	속성에 저장되는 데이터를 고려한 적절한 타입과 길이를 적용했는가?

4.3 데이터베이스 생성

데이터 모델을 작성하고 검토가 완료된 뒤에는 모델을 이용해서 데이터베이스를 생성합니다. 데이터 모델의 구성요소를 물리적인 데이터베이스 오브젝트로 변환해야 합니다. 데이터 모델의 구성요소와 그에 대응하는 오브젝트 이외에도 추가 오브젝트도 추가로 고려해야 합니다.

[표 4-7]

데이터 모델 구성요소	데이터베이스 오브젝트
개체(Entity)	테이블(Table)
속성(Attribute)	칼럼(Column)
주식별자	기본키(Primary Key)
보조식별자	인덱스(Index)
외부식별자	외부키(Foreign Key)

4.3.1 데이터베이스 용량산정

데이터베이스의 용량산정은 DBA가 담당하는 영역입니다. 용량산정을 위해서 DBA는 설계자와 긴밀하게 협업을 하며 진행합니다. 용량산정은 데이터 모델에 표현되지는 않지만 대용량 테이블인 경우 파티션이나 샤딩을 처리해야 하는 경우가 많으며 주식별자에 파티션키 또는 샤딩키를 반영해야 하기 때문에 용량산정 결과 데이터 모델에 변경이 발생할 수 있습니다.

업무구분	테이블명	테이블 ID	초기건수	증가건수(월)	보관주기	예상용량(GB)	파티션 여부	장기보관 여부	파티션 종류	파티션 단위	파티션 기준 속성명	파티션 기준 칼럼명
공통	CIM_일일결산내역	C_MCIM_DAILY_AUDT_T	1,400,000	1,500,000	영구	17	Y	N	Range	월	거래일자	TX_DT
공통	CIM_생화화로그내역	C_MCIM_LBSVG_LOG_T	0	1,000,000	1주	1	Y	N	List	요일	요일구분코드	DFK_DVCD
공통	CIM_생화화거래집계내역	C_MCIM_LBSVG_TOTL_T	0	2,400,000	영구	5	Y	N	Range	월	거래일자	TX_DT
공통	CIM_로그인내역	C_MCIM_LOGIN_T	0	3,000,000	영구	16	Y	N	Range	월	거래일시	TX_DT
공통	CIM_책임자승인거래내역	C_MCIM_PRCG_APRV_TX_T	0	1,500,000	영구	10	Y	N	Range	월	거래일자	TX_DT
공통	CIM_SMS발송내역	C_MCIM_SMS_SND_T	7,000,000	6,000,000	영구	169	Y	N	Range	월	거래일자	TX_DT
대외업무	CEL_전자원거래내역	C_XCEL_ELNW_TX_T	38,000,000	3,000,000	1년	41	Y	N	Range	월	거래일자	TX_DT
대외업무	CIN_송수신전문내역	C_XCIN_SNDRCV_MESG_T	0	30,000,000	6개월	29	Y	N	Range	월	거래일자	TX_DT
상품약리	PFM_수수료거래내역	C_PPFM_FEE_TX_T	16,000,000	2,500,000	영구	30	Y	N	Range	월	거래일자	TX_DT
수신	DPS_수신가결산내역	C_DDPS_DEP_PRVAC_T	45,000,000	1,200,000	영구	15	Y	N	Range	월	기준일자	BASE_DT
수신	DPS_수신가결산이자재산내역	C_DDPS_DEP_PVINT_CALC_T	0	1,200,000	영구	6	Y	N	Range	월	거래일자	TX_DT
수신	DPS_수신거래내역	C_DDPS_DEP_TX_T	730,000,000	5,000,000	영구	314	Y	Y	Range	계좌번호	계좌번호	ACNO

[그림 4-41] 파티션 테이블 용량산정 예시

용량산정을 위해서는 초기건수, 월 증가예상건수, 예상용량, 파티션여부, 파티션종류, 파티션단위, 파티션속성명을 도출해서 정리합니다. 데이터는 영원히 보관하는 대상과 일정기간이 경과하면 별도의 저장소로 데이터를 복사하고 원 테이블의 데이터를 삭제하는 대상으로 구분합니다. 예상용량은 초기건수와 증가건수를 이용해서 3년에서 5년 사이의 기간동안 데이터베이스에 유지하는 것을 예상해서 산정합니다.

[표 4-8] 용량산정 항목

업무 구분	설명
테이블명	용량산정 대상 테이블명
초기건수	서비스 오픈 전에 테이블에 미리 적재해야 하는 데이터의 건수
증가건수(월)	월 단위로 발생하는 데이터의 예상건수
보관주기	데이터베이스에서 직접 사용할 필요가 없어서 백업 등을 통해 별도로 보관하고 데이터베이스에서는 제거하는 주기
예상용량	초기건수와 월 예상 증가건수를 합해서 보관하는 기간 동안의 테이블 크기의 예상 용량
파티션여부	파티션 대상 테이블인지 여부
장기보관여부	장기보관해야 하는지 여부

파티션종류	파티션의 종류로 연속적인 값의 범위를 기준으로 파티션하는 범위 파티션, 특정 데이터값을 기준으로 하는 리스트 파티션 등을 구분
파티션단위	파티션 기준 속성값으로 파티션할 때 이를 분할하는 단위
파티션 기준 속성명	파티션키로 사용할 속성명

4.3.2 기타 오브젝트 도출

데이터베이스 생성을 위해서는 데이터 모델에 표현되지 않는 오브젝트에 대한 준비도 해야 합니다. 데이터 모델에 표현되지 않는 오브젝트는 여러 가지가 있습니다.

[표 4-9] 데이터베이스 오브젝트의 종류

USER	데이터베이스에 접근할 수 있는 계정으로 업무분할, 보안을 위해서 필요함
Role	데이터베이스의 여러 작업과 관련된 권한을 묶은 그룹
Trigger	데이터베이스에 입력, 수정, 삭제 오퍼레이션이 발생하면 자동으로 실행되도록 작성한 프로그램 로직
Function	프로그래밍 언어의 함수와 같이 특정 값을 입력받아 결과를 돌려주도록 데이터베이스 내에 작성한 모듈
Stored Procedure	사용자의 호출에 의해서 정해진 로직에 따라 처리를 하도록 데이터베이스 내부에 생성한 코듈
View	사용자가 미리 작성한 조회 SQL을 독립적인 테이블처럼 사용할 수 있도록 미리 데이터베이스에 생성한 오브젝트
Sequence	자동으로 순차 채번을 위해 만드는 데이터베이스 오브젝트로 특정 DBMS에서 사용하는 방식

이런 오브젝트들은 DBA 입장에서 필요한 대상도 있고, 개발자가 필요로 하는 대상도 있습니다. 데이터베이스 생성을 위해서는 개발에 필요한 이런 오브젝트를 사전조사하고 DDL문 생성에 미리 포함시켜 놓아야 합니다.

Trigger, Function, Stored Procedure, View 등은 시스템 관리면에서 부작용이 있을 수 있기 때문에 예외적으로 생성하는 경우가 많습니다. Sequence는 애플리케이션 개발에 반드시 필요한 요소이기 때문에 개발자들로부터 요건을 수집하는 경우가 많습니다.

4.3.3 DDL 생성

모델링 작업이 완료되면 데이터베이스를 생성하기 위한 DDL 문을 자동으로 생성합니다. 자동 생성된 DDL문은 DBA가 실행해서 데이터베이스를 만들고 사용자 권한을 부여하는 등의 추가작업을 한 뒤에 개발을 위해 제공합니다.

01 ERgrin의 도구상자에서 선택하고 설정 아이콘을 클릭합니다.

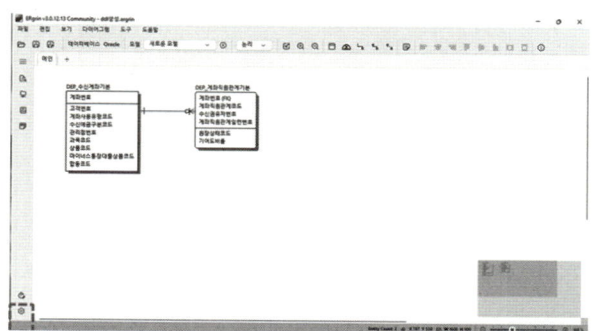

[그림 4-42] ERgrin의 DDL 생성 준비

02 프로젝트 메뉴를 선택합니다. 새 프로젝트 데이터베이스에서 DDL문을 생성하려고 하는 데이터베이스 관리시스템의 종류를 선택합니다. 각 DBMS 제품마다 DDL문의 차이가 있기 때문에 적절한 DBMS를 선택해야 합니다. 현재는 Oracle과 PostgreSQL을 지원하고 있습니다. DBMS를 선택하고 이 설정 창을 닫아줍니다.

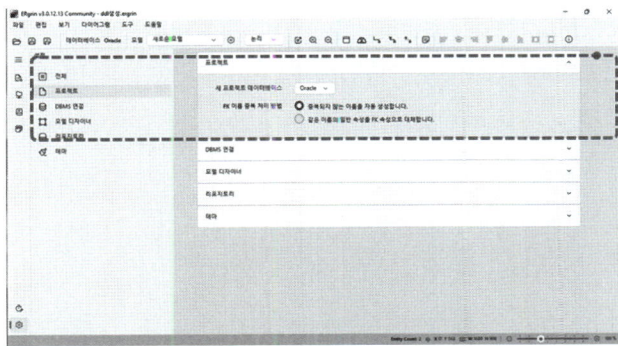

[그림 4-43] DDL 생성을 위한 DBMS 선정

03 도구상자에서 논리 모델을 물리 모델로 변경합니다. 논리 모델은 개발자가 비즈니스 요건을 잘 반영하고 사용자와 의사소통하기 위해서 작성하는 모델이라면, 물리 모델은 용어사전, 도메인 정의를 통해 데이터의 타입, 사이즈, NOT NULL 조건 등이 반영된 모델입니다.

[그림 4-44] ERgrin의 물리 모델 변경

04 메뉴에서 도구 > 순공학을 선택합니다. 순공학은 데이터 모델에서 데이터베이스 생성을 위한 DDL문을 자동으로 생성하는 방법이고, 역공학은 이미 존재하는 데이터베이스의 딕셔너리 정보를 이용해서 데이터 모델을 역으로 만드는 메뉴입니다.

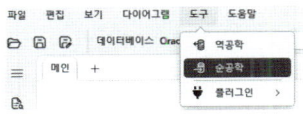

[그림 4-45] DDL 생성 기능 선택

05 테이블, 제약사항, 인덱스 등의 항목에 대해서 옵션을 선택할 수 있습니다. 테이블 생성과 삭제는 CREATE문과 DROP문을 만들 것인지 선택하는 항목입니다. 제약사항은 기본키와 외래키, 두 개의 항목이 있습니다. 기본키는 주식별자에 대한 제약사항을 만드는 옵션이고 외래키 제약사항은 참조식별자에 대한 식별자 업무규칙을 적용하는 옵션입니다. 최근 데이터베이스에 외래키(참조식별자)에 대한 제약사항을 데이터베이스에 직접 만드는 것보다는 애플리케이션에서 처리하는 것을 선호합니다. 이유는 데이터베이스에 설정할 경우 데이터를 백업하고 일정 기간이 경과한 데이터를 삭제처리하는 등의 데이터베이스 운영적인 측면에서 제약사항이 많이 발생하기 때문입니다.

[그림 4-46] DDL 생성을 위한 옵션 선택 화면

06 테이블 생성과 기본키 제약사항 생성을 선택하면 오픈 쪽 창에 DDL문이 자동으로 생성됩니다. 옵션을 선택함에 따라 DDL문이 즉각 변경됩니다.

생성된 DDL문을 확인한 뒤에 다음 버튼을 클릭합니다.

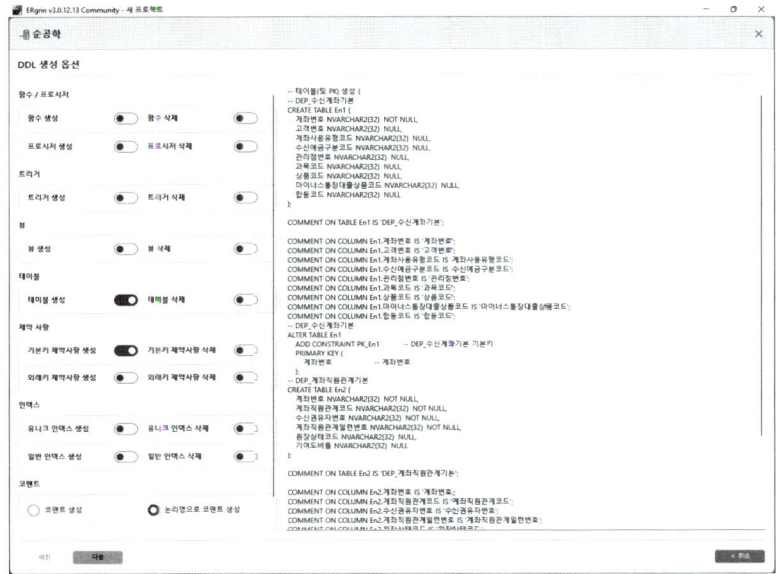

[그림 4-47] 테이블과 기본키를 위한 DDL 생성 옵션 선택

07 최종 생성하려고 하는 대상 테이블을 선택한 뒤에 다음 버튼을 클릭합니다.

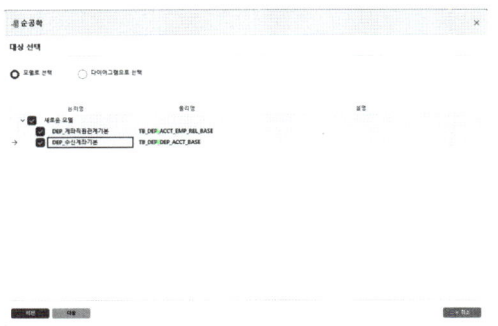

[그림 4-48] DDL 생성 대상 테이블 선택

08 최종 생성된 DDL문을 확인할 수 있습니다. 여기서 DDL문을 클립보드로 보내거나 파일로 저장할 수 있습니다. DDL문을 확인한 뒤에는 다음 버튼을 클릭합니다.

[그림 4-49] DDL문 생성 예시

09 데이터베이스에 연결해서 DDL문을 자동으로 실행시켜 반영할 수도 있습니다. 수동으로 DDL문을 반영하려면 취소 버튼을 클릭하고 빠져나오면 됩니다. 앞에서 클립보드로 보내거나 저장해둔 파일을 이용해서 수동으로 DDL문을 실행할 수 있습니다.

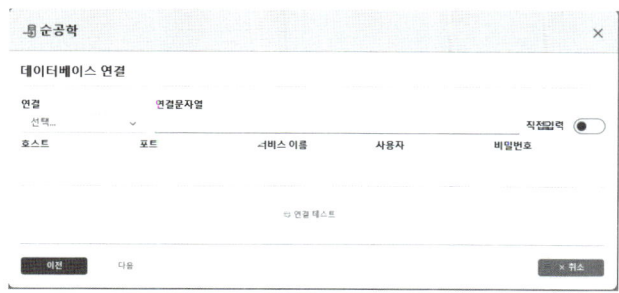

[그림 4-50] DDL문 직접 실행 가능

4.4 데이터베이스 변경관리

데이터베이스를 생성한 뒤에 개발이 시작됩니다. 개발 중에 데이터베이스에 변경이 필요한 경우가 있습니다. 서비스가 오픈 된 이후에도 서비스 개선, 신규 요건의 반영 등의 사유로 데이터베이스는 지속적으로 변경되게 됩니다. 데이터베이스의 변경관리 절차는 다음 그림과 같은 흐름으로 진행됩니다.

비즈니스는 고정되지 않고 계속 변화하고 설계 상의 결함이 나중에 발견되어서 데이터 모델을 수정해야 하는 경우도 빈번합니다. 이런 변경사항이 발생하면 데이터 모델을 변경해야 합니다. 모델 변경 후 용어사전, 도메인 정의에 필요한 반영사항을 처리하고 신규 테이블이나 변경해야 하는 테이블을 승인 요청하게 됩니다.

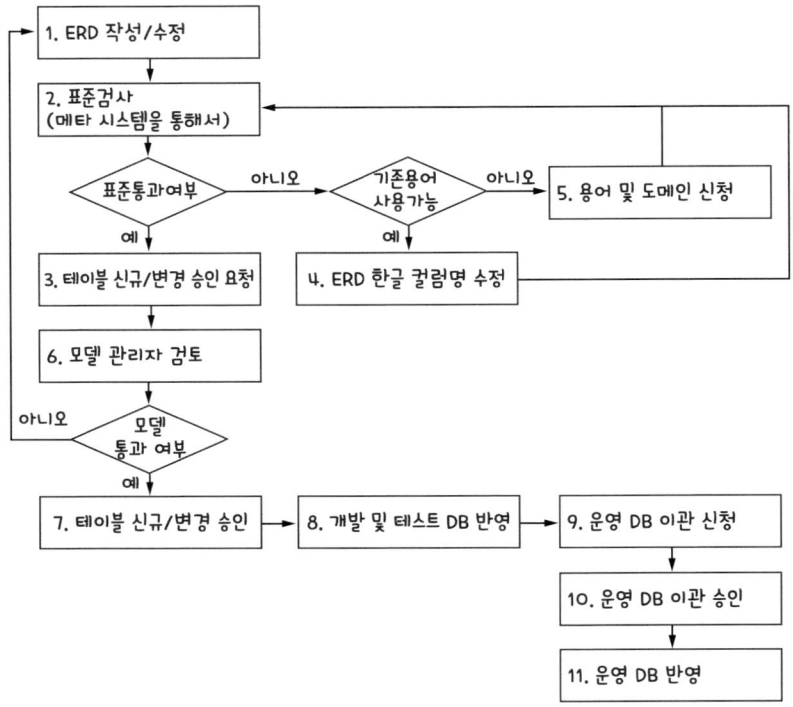

[그림 4-51] 데이터베이스 변경관리 절차

  변경사항에 대해서 데이터 모델을 전 회사 차원에서 관리하는 담당자와 DBA가 검토를 진행하고 승인 또는 반려처리를 합니다. 테이블 변경 신청이 승인되면 개발용 데이터베이스에 이를 반영하고 개발 완료 후에 테스트 환경에서 테스트를 하게 됩니다. 이 작업 후에 최종 운영환경에 변경사항을 이관해서 최종 반영하고 애플리케이션도 배포하는 과정을 반복해서 진행합니다.

4.5 정리

① 데이터 모델의 세부조정

- 데이터 사이의 관계를 다양한 패턴으로 조정하며 이는 데이터의 무결성 보장을 위해 진행한다.
- 성능과 관련해서 반정규화를 진행하며, 반정규화된 사유는 반드시 개발자가 인지하고 있어야 한다.
- M : M 관계, 자기참조관계, 병렬관계, 선택적 1 : M 관계, Arc 관계, 순환관계, 3자관계, 중복관계의 패턴이 존재한다.
- 반정규화는 성능상, 데이터베이스 운영 상의 목적 등으로 정규화 과정을 통해 정제된 데이터 모델에 대해서 인우적으로 변형을 가하는 작업이다.

② 데이터베이스 생성

- 테이블별 용량산정, 개발 목적으로 데이터 모델의 기본 구성요소 이외의 데이터베이스 오브젝트 등을 파악하고 최종 DDL문을 생성하는 작업이다.

Chapter 5
데이터 모델과 관련된 보충 주제

목표

- OLAP 시스템은 정규화를 통해 데이터의 무결성을 추구하는 OLTP 시스템과 다른 특성을 가지고 있습니다. 분석시스템의 데이터 모델 특징에 대해서 검토합니다.
- 주제영역은 조직 내의 데이터를 서비스의 오너쉽 기준으로 분리한 것입니다. 전사 차원의 데이터 모델은 수천 개의 테이블이 생성될 수 있기 때문에 하나의 데이터 모델로 관리하기에는 어렵습니다. 따라서 적절한 관리 단위로 데이터 모델을 분리하고 개별 비즈니스 영역에 집중하기 위한 관리방법입니다.

5.1 OLAP

정보를 처리하는 시스템은 크게 온라인 거래시스템(OLTP, Online Transaction Processing)과 온라인 분석시스템(OLAP, Online Analysis Processing)으로 구분할 수 있습니다. 지금까지 설명한 데이터 모델링 절차나 방법은 사용자들의 서비스를 처리하고 그 내용을 기록하는 온라인 거래시스템에 대한 설계방법입니다. OLAP 시스템은 OLTP와 비교되는 특징이 있습니다.

> (1) 스스로 데이터를 생성하거나 변경하는 기능을 가지고 있지 않음
> (2) 다양한 데이터 원천으로부터 데이터를 수집
> (3) 데이터를 다양한 목적에 따라 중복관리하며, 데이터 정규화를 적용하지 않음
> (4) 데이터는 시간중심성과 비휘발성의 특징을 가짐

OLAP 시스템의 용도는 사용자나 외부 시스템과의 인터페이스 중에 발생하는 거래를 기록하는 것이 아닙니다. 따라서 스스로 데이터를 발생시키

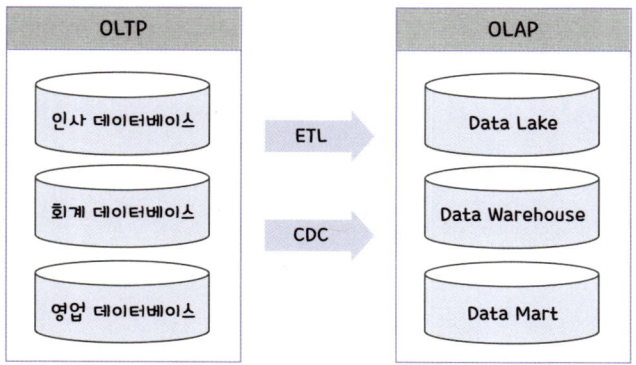

[그림 5-1] OLAP 시스템의 데이터 수집

는 서비스를 제공하지 않고, 데이터를 생성하거나 변경하는 기능을 제공하지 않습니다. 이런 특징으로 인해 다양한 데이터 원천인 OLTP 시스템으로부터 데이터를 수집합니다.

다양한 데이터 원천으로부터 데이터를 수집하기 위해서 ETL(Extract, Transform, Load), CDC(Change Data Capture), 데이터 파이프라인과 같은 다양한 기술을 사용합니다. 데이터 원천으로부터 수집된 데이터를 다양한 분석 목적에 따라 중복관리하게 됩니다. 아래 표에서 정보계시스템이라고 되어 있는 영역은 모두 OLAP 시스템에서 사용하는 다양한 테이블 구분ID 입니다. 온라인 거래시스템이 그대로 대응하는 최신 데이터를 가진 테이블과 시계열 데이터를 보관하는 테이블을 중복해서 가지고 있습니다.

[표 5-1] 정보계 테이블 구분ID 예시

구 분	테이블 구분ID		설 명	사용시스템
일반 테이블	TB		기초적인 원장/일반 테이블	계정계시스템
	TM	현재	기초적인 원장/일반 테이블	정보계시스템
	TT	시계열		
목적 테이블	OM	현재	특정 목적을 용도로 구성된 테이블	정보계시스템
	OT	시계열		
ETT용 테이블	EM	현재	ETT 작업을 위한 임시 테이블	정보계시스템
	ET	시계열		
변경용 테이블	BM	현재	타겟 테이블로 삭제 후 적재 시 사용할 임시 테이블	정보계시스템
	BT	시계열		
VIEW 테이블	VM	현재	가상 테이블	정보계시스템
	VT	시계열		
마트 테이블	WM	현재	MART 테이블	정보계시스템
	WT	시계열		

OLAP 시스템의 용도와 특징으로 인해 데이터 모델링 방식에도 차이가 있습니다. OLAP 시스템의 데이터 모델링을 다차원 모델링이라고도 합니다.

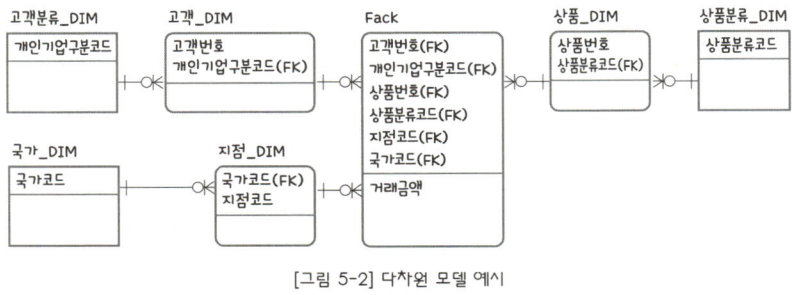

[그림 5-2] 다차원 모델 예시

다차원 모델링은 개체를 사실(Fact)과 차원(Dimension)으로 구분합니다.

- 사실(Fact): 비즈니스의 성과를 측정할 수 있는 계량 데이터가 관리하는 개체
- 차원(Dimension): 하나의 사실을 바라보는 다양한 관점으로, 모델 예시 그림에서 고객의 분류 관점, 상품 관점, 지역 관점의 3가지 관점을 가지고 있음

5.2 주제영역

주제영역은 조직에서 관심을 가지고 관리하고자 하는 데이터의 집합입니다. 하나의 주제영역은 서로 밀접하게 관련 있는 데이터를 묶게 됩니다. 기업에서 필요하는 데이터의 집합은 (1) 행위의 주체, (2) 해당 조직에서 제공하는 서비스나 제품, (3) 행위 주체가 서비스나 상품을 이용한 행위로 크게 구분

할 수 있습니다.

데이터 주제영역은 시스템을 통해 관리하고자 하는 데이터에 대한 상위 수준의 분류입니다. 주제영역은 데이터 모델을 직접 구성하는 요소는 아닙니다. 다만, 어떤 조직에서 수행하는 다양한 업무처리는 그 업무를 담당하는 부서나 담당자가 별도로 있고, 단일 시스템으로 모든 서비스를 제공하는 것은 효율적이지 않습니다. 따라서, 관리 가능한 단위로 조직의 업무를 적절하게 구분하기 위한 단위입니다. 또한 최근 마이크로 서비스 형태로 개발하는 것이 대두되면서 적절한 단위로 서비스를 구분하고 독립적인 시스템으로 구축하게 됨에 따라 적절한 단위로 데이터의 관리 단위를 구분해 낼 수 있는 것이 중요합니다. 주제영역은 관련 있는 데이터를 묶어서 하나의 관리 단위로 구분하는 것이기 때문에 하나의 데이터베이스 내에서 접근권한을 제한하는 경우가 많습니다.

아래 그림은 은행 시스템의 주제영역을 간략하게 예시한 것입니다.

[그림 5-3] 은행의 주제영역

01 모델 탐색기에서 주제영역을 선택합니다. 여기 새로운 주제영역을 만들거나 주제영역 사이를 이동할 수 있습니다.

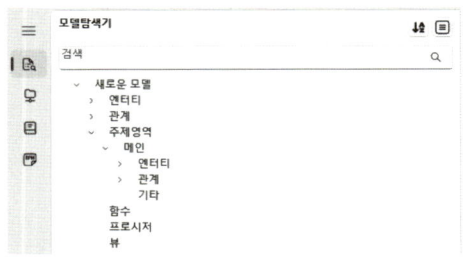

[그림 5-4] 주제영역 생성

02 주제영역을 선택하고 주제영역을 추가할 수 있습니다.

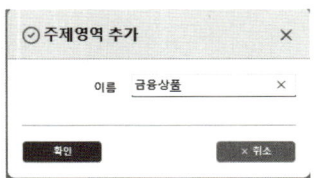

[그림 5-5] 주제영역명 등록

5.3 마이크로 서비스와 데이터 모델

최근 서비스를 작은 단위로 개발하는 마이크로 서비스가 많은 각광을 받고 있습니다. 마이크로 서비스와 대비되는 것이 모노리스(Monolith) 시스템입니다. 모노리스 시스템은 모든 서비스가 하나의 서버로 제공되는 시스템입니다. 반면 마이크로 서비스는 작은 단위의 서비스로 시스템을 구성하고 각 서비스가 서로 통신을 하면서 전체 서비스를 제공합니다.

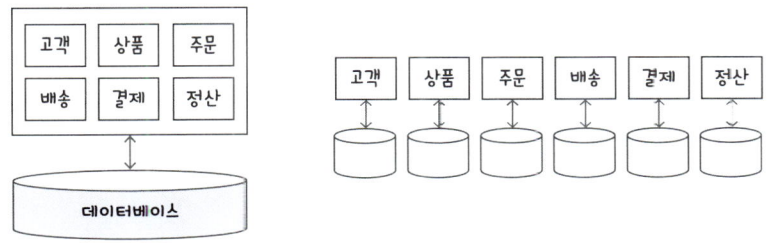

[그림 5-6] 모노리스 서비스와 마이크로 서비스의 차이

모노리스 서비스 대비 마이크로 서비스로 누릴 수 있는 장점이 있습니다.

> (1) 이질적인 기술들을 조합하는 것이 가능함
> (2) 서비스의 배포가 용이함
> (3) 조직과 서비스가 밀접하게 연결됨
> (4) 서비스가 관리하는 데이터를 고립시키는 것이 가능함
> (5) 스케일 아웃으로 시스템을 확장하는 것이 용이함

모노리스 서비스는 하나의 시스템에서 서비스를 제공하기 때문에 적용하는 기술들이 통일되어 있습니다. 반면, 마이크로 서비스는 각 단위 서비스별로 다른 기술로 개발을 하더라도 API를 통해 서비스 간 통신을 하기 때문에 이에 대한 제약이 없습니다. 그리고 서비스별로 배포를 하기 때문에 하나의 서비스에 문제가 발생하더라도 전체 서비스에 영향을 미치지 않습니다.

서비스를 제공하는 조직과 시스템이 밀접하게 연관되어 있기 때문에 오너쉽이 명확하고 데이터는 서비스 내부에서만 관리되는 장점이 있습니다. 하지만 각 서비스를 분할하는 기준을 명확하게 제시하지는 못합니다.

5.4 정리

① OLAP 시스템의 특징
- 스스로 데이터를 생성하거나 변경하는 기능을 가지고 있지 않는다.
- 다양한 데이터 원천으로부터 데이터를 수집한다.
- 데이터를 다양한 목적에 따라 중복관리하며, 데이터 정규화를 적용하지 않는다.
- 데이터는 시간중심성과 비휘발성의 특징을 가진다.

② 주제영역
- 조직 내의 모든 비즈니스를 각 서비스 조직 단위로 구분하고 그 조직에서 관리하는 데이터를 그룹화한다.

③ 마이크로 서비스와 데이터 모델
- 하나의 단일 시스템으로 서비스를 제공하는 것이 아니라 개별적인 기능에 집중하는 단위 서비스로 구축한다.
- 각 서비스의 데이터는 타 서비스에서 직접 접근할 수 없으며, API 통신으로 처리한다.

Chapter 6

실습사례

목 표

- 실습 시나리오에 제시된 비즈니스 요건을 기반으로 데이터 모델링 실습을 진행합니다.

6.1 실습 시나리오

인터넷 전문은행을 새로 설립하려고 합니다.

- 인터넷 전문은행은 개인만이 고객으로 가입할 수 있습니다. 서비스를 사용하기 위해서는 가입 절차를 통해 회원이 되어야 합니다. 가입 시에 성명, 직업, 생년월일을 입력하고 신분증을 휴대폰으로 스캔해서 전송해야 합니다. 주민등록번호 등의 확인은 신분증 스캔정보를 이용해서 자동 입력할 수 있도록 합니다. 신분증은 주민등록증, 운전면허증을 사용할 수 있습니다. 본인임을 확인하기 위해서는 기존에 사용 중인 타 은행의 계좌번호를 입력해야 합니다. 사용 중인 은행과 계좌번호를 입력하면 그 계좌번호로 1원을 입금해 줍니다. 입금 시에 3자리의 번호를 같이 전송해서 입금내역에 그 번호를 통해 최종 확인하는 작업을 진행합니다. 고객은 고객번호를 통해 은행 내부에서 관리됩니다. 가입 중 중단될 수 있기 때문에 가입의 진행 상태를 관리할 수 있어야 합니다.

- 은행은 금융상품을 개발하고 고객에서 금융상품을 판매하는 일을 합니다. 금융상품은 고객의 예금을 받는 수신상품과 고객에게 대출을 해주는 여신상품, 체크카드의 3가지가 있습니다. 각 상품은 상품코드로 식별하고 상품명, 이자율을 관리합니다. 각 상품을 담당하는 부서와 담당자가 지정되어 있습니다.

- 수신상품은 자유롭게 입출금이 가능하고 체크카드와 연동해서 결제를 할 수 있는 요구불예금, 목돈을 일정기간 동안 예치하고 만기 시에 원금과 이자를 받는 정기예금, 일정한 동일 금액일 매월 또는 매주 정기적으로 납입하고 만기시에 원금과 이자를 받을 수 있는 정기적금으로 구분됩니다. 정기예금과 정기적금은 가입 시에 3개월 단위로 만기를 정할 수 있으며, 최대 기간은 2년을 넘을 수 없습니다.

- 고객으로 가입하면 요구불 예금에 자동으로 가입되고 계좌가 만들어집니다. 가입 시 체크카드를 같이 만들 것인지를 선택할 수 있으며, 국내와 해외에서 모두 사용할 것인지 국내에서만 사용할 수 있는 지를 구분해서 선택할 수 있습니다. 해외에서 사용할 수 있도록 신청하면 거래 시 원화와 결제한 해당 국가의 외화가 모두 표시되어야 하며, 실시간으로 환율이 적용되어야 합니다. 요구불 예금은 고객별로 1개만 개설할 수 있으며, 그 외 다른 수신 상품은 여러 번 가입이 가능합니다.

- 여신 상품은 마이너스 통장과 신용대출 두 가지로 구분합니다. 마이너스 통장을 은행 내부에서는 한도대출이라는 용어로 사용합니다. 마이너스 통장은 개설 후 1년이 만기이며, 만기 3개월 전에 미리 안내를 발송해야 하고, 만기 1개월 전에 연장할 것인지를 선택할 수 있어야 합니다. 신용대출은 고객이 필요한 금액을 신청 금액으로 은행에 요청하고 은행은 건강보험관리 공단, 국민연금 등의 기관과 자동으로 연결해서 실시간으로 승인여부를 통지해 줍니다. 신용대출이 승인이 되면 고객의 요구불 예금에 승인된 금액을 입금해주고 다음 달부터 원금과 이자를 상환해야 합니다. 고객의 요구불 예금 잔액이 원리금 납부 금액보다 낮으면 출금처리를 하지 않고 고객에게 통보합니다.

- 요구불 예금을 제외한 수신, 여신, 카드 상품은 모두 만기가 있습니다. 이자율은 수시로 변경될 수 있습니다. 변경된 이자율은 추적될 수 있어야 합니다.

- 인터넷 전문은행이기 때문에 현금의 입출금은 모두 타 은행의 ATM 기기를 통해서 할 수 있습니다. 타 은행 입출금에 대한 수수료는 은행에서 부담하며 수수료도 변경될 수 있습니다.

- 고객의 입출금 및 체크카드의 사용내역은 모바일 앱을 통해서 항상 조회가 능해야 합니다. 체크카드는 결제에 사용될 수 있고, 결제가 되자마자 계좌의 잔고가 줄어들게 됩니다. 환불 등의 이유로 결제를 취소하게 되면 전에 결제했던 금액을 은행에서 입금 처리해줍니다. 이런 거래내역은 거래번호로 관리됩니다.

6.2 데이터 모델링 실습

01 개체를 정의하기 위해서 시나리오에서 명사를 도출하는 작업을 먼저 시작합니다.

> 인터넷, 전문은행, 개인, 고객, 서비스, 가입, 회원, 성명, 직업, 생년월일, 신분증, 휴대폰, 주민등록번호, 주민등록증, 운전면허증, 본인, 은행, 계좌번호, 번호, 고객번호, 진행상태, 금융상품, 판매, 수신상품, 여신상품, 체크카드, 상품코드, 상품명, 이자율, 부서, 담당자, 체크카드, 요구불예금, 정기예금, 원금, 이자, 목돈, 금액, 원금, 이자, 정기적금, 만기, 계좌, 국내, 해외, 원화, 외화, 국내, 해외, 국가, 환율, 마이너스 통장, 신용대출, 한도대출, 만기, 안내, 신청금액, 건강보험관리공단, 국민연금, 기관, 승인, 원리금, 납부금액, 수신, 여신, 카드, 이자율, 현금, 입출금, ATM기기, 수수료, 모바일 앱, 잔고, 환불, 입금, 거래번호, 거래내역

02 명사 목록으로부터 개체의 후보를 도출합니다. 개체 후보 중 다른 명사와 통합되거나 슈퍼/서브타입에 해당하는 명사들은 동의어로 따로 도출하였고, 개체의 대상이 아니라고 생각되는 항목은 개체 비후보 항목으로 이동했습니다. 담당자는 개체명으로 적합하지 않다고 생각되어서 직원이라는 새로운 명사를 도출하고 동의어 항목으로 이동했습니다. 이렇게 개체 후보가 도출됩니다.

[표 6-1] 개체 후보

개체 후보	동의어	개체 비후보
고객, 은행, 금융상품, 부서, 계좌, 국가, 기관, ATM기기, 거래내역, 직원, 환율, 수수료	마이너스 통장, 회원, 개인, 본인, 수신상품, 여신상품, 체크카드, 담당자, 요구불예금, 정기예금, 정기적금, 신용대출, 한도대출, 모바일 앱, 승인, 수신, 여신, 카드	성명, 직업, 생년월일, 주민등록번호, 계좌번호, 번호, 진행상태, 상품코드, 상품명, 이자율, 원금, 목돈, 금액, 원금, 이자, 국내, 해외, 원화, 외화, 신청금액, 건강보험관리공단, 국민연금, 원리금, 납부금액, 잔고, 환불, 입금, 거래번호, 번호, 고객번호, 휴대폰, 주민등록증, 운전면허증, 현금, 입출금, 판매, 서비스, 가입, 인터넷, 전문은행, 단기, 안내, 신분증

03 도출한 개체 후보를 ERgrin에 반영해서 데이터 모델에 반영합니다.

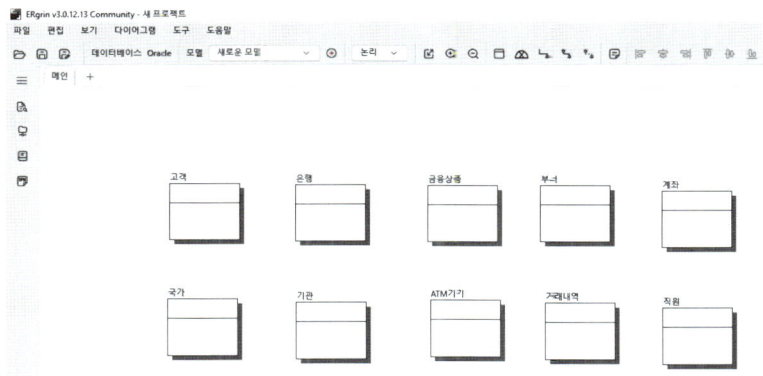

[그림 6-1] ERgrin에 엔터티 반영

04 개체 비후보로 도출된 명사들은 속성으로 사용할 수 있는 항목인지를 검토합니다. 일부 명사는 속성이 아닌 속성이 가질 수 있는 데이터값에 해당하는 단어들이 있습니다. 또한 비즈니스적으로 사용할 필요가 없는 단어 또한 제거합니다.

성명, 직업, 생년월일, 주민등록번호, 계좌번호, 번호, 진행상태, 상품코드, 상품명, 이자율, 원금, 목돈, 금액, 원금, 이자, 국내, 해외, 원화, 외화, 신청금액, 건강보험관리공단, 국민연금, 원리금, 납부금액, 이자율, 잔고, 환불, 입금, 거래번호, 번호, 고객번호, 휴대폰, 주민등록증, 운전면허증, 현금, 입출금, 판매, 서비스, 가입, 인터넷, 전문은행, 만기, 안내, 신분증

05 이 중 신청금액과 같은 일부 속성은 특정 개체에 포함될 수 없는 속성이기 때문에 이를 처리하기 위해서 추가 개체를 도출했습니다. 원화와 외화 같은 단어는 원화금액, 외화금액 등으로 명칭을 수정한 것도 있습니다.

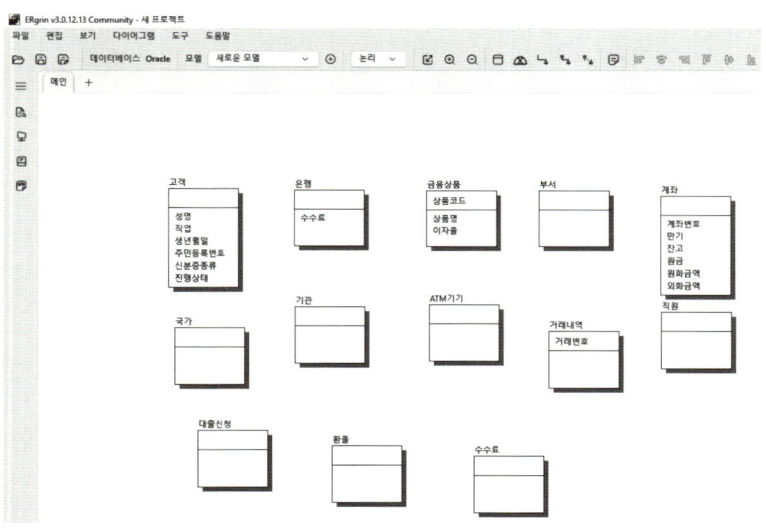

[그림 6-2] 추가 도출한 개체를 ERD에 반영

06 각 개체 사이에 관계를 연결합니다. 각 개체 사이의 관계를 연결하는 중에 새로운 개체가 도출되었습니다. 한 특정 부서에 직원은 여러 명이 있을

수 있습니다. 그리고 부서에 소속된 직원은 언제라도 부서 간 이동이 발생할 수 있습니다. 소속 부서 변경에 대한 추적 관리를 위해서 부서소속직원이라는 새로운 개체가 도출되었습니다.

시나리오에 대출신청이라는 행위가 있습니다. 대출신청은 고객이 특정 금융상품을 지정해서 심사 신청을 하게 됩니다. 그리고 건강보험관리공단, 국민연금은 대출신청 중 소득관련 정보를 확인하기 위해서 관련 데이터를 받아오게 됩니다. 이 두 명사는 기관 개체의 데이터로 사용되며, 기관으로부터 받아온 데이터를 보관하기 위한 평가내역이라는 개체를 새롭게 도출했습니다. 거래내역 개체는 ATM기기와의 관계가 선택적 1 : M 관계로 연결되었습니다. ATM기기를 이용해서 입출금을 하는 경우에는 거래내역의 은행코드와 ATM기기번호에 값이 있지만, 그 외 거래는 값을 가지고 있지 않기 때문에 NULL을 허용하기 위해서 설정되었습니다.

이런 내용을 반영한 데이터 모델은 아래의 그림과 같이 정리되었습니다.

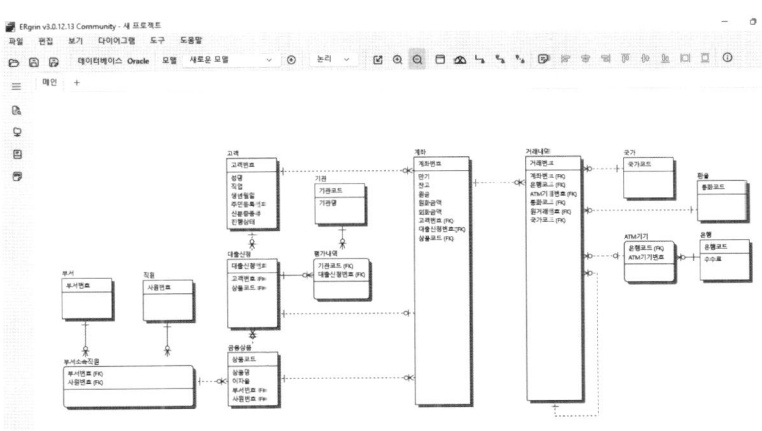

[그림 6-3] 추가 정리된 ERD

07 환율은 하루 중에도 여러 번 변경됩니다. 따라서 거래 시점의 환율이 얼마인지가 중요합니다. 앞의 모델에서 환율 개체는 통화코드만을 가지고 있기 때문에 거래 시점의 환율을 알 수가 없습니다. 이렇게 지속적으로 변경되는 데이터는 변경과정을 추적할 수 있어야 합니다. 환율 개체의 주식별자는 통화코드와 기준시작일시로 구성되어 있습니다. 하루에 여러 번 변경되는 환율을 각 시점별로 추적할 수 있습니다.

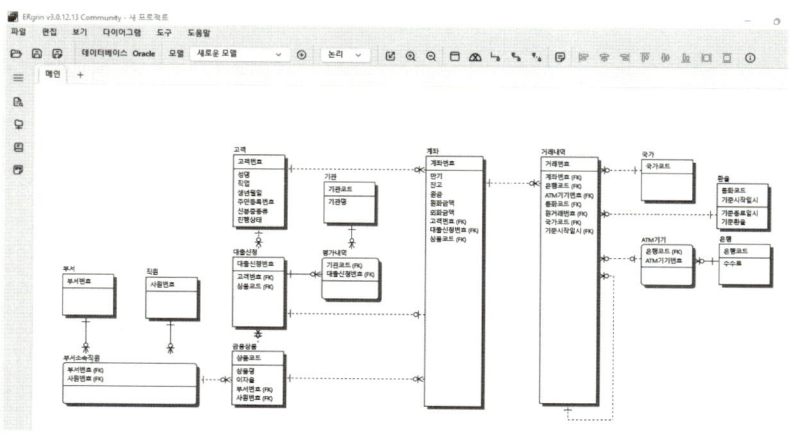

[그림 6-4] 최종 ERD

6.3 정리

① 개체를 정의하기 위해서 시나리오에서 명사를 도출하는 작업을 먼저 시작합니다.

② 명사 목록으로부터 개체의 후보를 도출합니다.

③ 도출한 개체 후보를 ERgrin에 반영해서 데이터 모델에 반영합니다.

④ 개체 비후보로 도출된 명사들은 속성으로 사용할 수 있는 항목인지를 검토합니다.

⑤ 일부 속성은 특정 개체에 포함될 수 없는 속성이기 때문에 추가 개체를 도출합니다.

⑥ 각 개체 사이에 관계를 연결합니다. 이때 새로운 개체가 도출될 수 있습니다.

Chapter 7
NoSQL 데이터베이스 모델링

목 표

- NoSQL 데이터베이스 중 하나인 MongoDB와 관계형 데이터베이스의 차이를 설명합니다.
- MongoDE의 데이터 구조와 데이터 모델링에 대해서 설명합니다.

7.1 MongoDB와 관계형 데이터베이스의 차이

관계형 데이터베이스는 관계형 모델이라는 공통된 방식의 데이터를 구조화하고 정의하는 반면에 NoSQL 데이터베이스는 데이터를 정의하는 방식이 통일되어 있지 않습니다. MongoDB는 NoSQL 데이터베이스라고 지칭되는 다양한 데이터베이스 관리시스템 중의 하나입니다. MongoDB와 관계형 데이터베이스가 가지고 있는 차이점은 아래와 같습니다.

- SQL을 제공하지 않음
- 스키마 프리(Schema Free)
- 중첩 데이터 구조

① 관계형 데이터베이스는 DBMS의 제작사와 관계없이 SQL이라는 표준화된 인터페이스를 제공하고 있습니다.

SQL은 ISO/IEC 9075라는 국제표준으로 모든 관계형 DBMS 업체가 따라야 하는 인터페이스 표준을 제공합니다. 반면 MongoDB는 사용자(여기서 사용자는 애플리케이션, Mongo Shell을 통한 CLI 등을 지칭)가 데이터베이스에 데이터를 입출력하기 위한 인터페이스의 방식으로 SQL을 제공하지 않습니다(MongoDB뿐만 아니라 NoSQL 데이터베이스들은 애플리케이션과 데이터베이스 사이의 표준화된 인터페이스가 존재하지 않습니다).

② 스키마 프리(Schema Free)는 MongoDB를 포함한 많은 NoSQL 데이터베이스와 관계형 데이터베이스의 차이를 가장 잘 보여주는 특징입니다.
관계형 데이터베이스는 데이터베이스에 데이터를 저장하기 전에 데이터의

구조를 미리 선언해서 데이터의 구조를 만들어야 합니다. 이 선언을 처리하는 것이 DDL입니다. 관계형 데이터베이스는 테이블과 컬럼에 대한 메타 정보를 미리 정의해서 데이터 사전(Data Dictionary)에 저장하고 있습니다. 이에 반해, MongoDB를 포함한 NoSQL 데이터베이스는 미리 데이터의 구조를 선언해서 정의할 필드가 없습니다. NoSQL 데이터베이스는 컬럼의 메타 정보를 컬럼의 데이터값과 동일하게 사용자 데이터로 관리하기 때문에 별도의 정의 단계 없이 데이터를 저장하는 시점에 저장할 수 있습니다.

③ Oracle과 같은 관계형 데이터베이스는 데이터를 표 형태로 관리합니다.
관계형 데이터베이스의 데이터는 행과 열로 구성된 2차원의 구조를 가지게 됩니다. 최근 Oracle처럼 관계형 데이터베이스에서 중첩 테이블(Nested Table)이라는 기능을 제공하고 있기는 하지만 표준적인 SQL을 이용해서 데이터를 직접 조회하는 것이 어려우며 데이터 모델링 측면에서도 권장하는 방법이 아닙니다. 반면 MongoDB는 중첩된 데이터를 저장할 수 있습니다.

7.2 MongoDB 데이터 구조

관계형 데이터베이스는 하나의 인스턴스가 여러 개의 데이터베이스(MS SQL Server의 예)나 여러 개의 스키마(Oracle의 예)를 가질 수 있습니다. MongoDB도 하나의 인스턴스가 여러 개의 데이터베이스를 가질 수 있으며, 데이터베이스는 여러 개의 컬렉션을 가질 수 있습니다.

MongoDB에서 데이터를 관리하는 단위는 관계형 데이터베이스와 비교할 수 있습니다.

[표 7-1] 데이터 구조

관계형 데이터베이스	MongoDB
스키마(Schema) 또는 데이터베이스(Database)	데이터베이스(Database)
테이블(Table)	컬렉션(Collection)
레코드(Record or Row)	도큐먼트(Document)
컬럼(Column)	필드(Field)

MongoDB에서는 데이터베이스와 컬렉션의 이름을 조합한 것을 네임스페이스(Namespace)라고 합니다. 데이터베이스와 컬렉션의 이름 사이는 "."으로 구분해야 합니다.

```
Bookstore.Books = Bookstore (데이터베이스) + Books (컬렉션)
```

7.2.1 데이터베이스(Database)

데이터베이스는 서비스에서 관리하는 데이터의 집합 또는 관련 있는 데이터의 그룹으로 묶어서 관리하기 위한 단위입니다. 관계형 데이터 모델에서는 주로 주제영역(Subject Area)이 이 역할을 하며, 물리적인 생성은 스키마나 인스턴스 내의 데이터베이스로 관리합니다.

MongoDB의 인스턴스 안에서 데이터베이스의 목록은 show dbs 명령어로 조회하고 use 명령으로 데이터베이스를 생성합니다.

```
# MySQL에서 데이터베이스 생성
mysql> create database Bookstore;
Query OK, 1 row affected (0.01 sec)
```

```
mysql> use Bookstore;
Database changed
mysql>


# MongoDB에서 데이터베이스 생성
admin> show dbs
admin     40.00 KiB
config    48.00 KiB
local     72.00 KiB
test       8.00 KiB
admin> use Bookstore
switched to db Bookstore
Bookstore>
```

데이터베이스를 작게 분리하면 관리의 부담이 많아지기 때문에 적절한 단위로 분리해서 관리하는 것이 필요합니다.

7.2.2 컬렉션(Collection)

컬렉션은 관계형 데이터베이스의 테이블에 대응하는 개념입니다. 관계형 데이터베이스의 테이블은 데이터의 유일성을 보장하기 위해 주식별자(Primary Key)를 가지고 있어야 합니다. 주식별자는 다른 테이블과의 참조관계를 위해 사용합니다. 이 두 가지 장치는 테이블 사이의 조인(Join)을 할 수 있는 연결고리를 제공합니다. MySQL 기준으로 테이블을 생성하는 예시는 다음과 같습니다.

```
# MySQL에서 테이블 생성
mysql> create table Book (
    -> title     varchar(20),
    -> author1   varchar(30),
    -> author2   varchar(30),
    -> publisher varchar(30),
    -> constraint Book_Pk primary key(title)
    -> );
Query OK, 0 rows affected (0.05 sec)

mysql>
```

관계형 데이터베이스에서는 테이블에서 사용하는 컬럼을 명시적으로 지정해서 테이블을 생성해야 합니다. MongoDB는 컬렉션을 생성할 때 컬렉션 내의 필드를 명시적으로 지정하지 않고 하나의 객체만을 생성합니다. 아래 구문은 Book이라는 하나의 컬렉션을 MongoDB 내의 Bookstore라는 데이터베이스 내에 생성합니다.

```
# MongoDB에서 컬렉션 생성
Bookstore> db.createCollection("Book")
{ ok: 1 }
Bookstore>
```

관계형 데이터베이스는 정규화 과정을 통해 중복된 데이터를 최소한으로 관리하고 필요 시에 조인을 통해서 2개 이상의 테이블을 결합해서 하나의 데이터셋으로 데이터를 조회합니다. MongoDB는 조인을 지원하지 않기 때문에 필요한 데이터를 모두 하나의 컬렉션에 내장할 수 있도록 해야 합니다.

특히 MongoDB는 반복된 데이터를 중첩해서 컬렉션 내에 저장할 수 있기 때문에 관계형 데이터베이스의 모델링에서 반드시 거쳐야 하는 반복그룹 제거(1차 정규화)가 필요하지 않습니다.

7.2.3 도큐먼트(Document)

MongoDB에서 도큐먼트는 컬렉션 내에 저장된 개별 데이터를 지칭합니다. 각각의 도큐먼트가 관리하는 필드는 도큐먼트마다 다를 수 있습니다. 아래 구문은 도서명, 두 명의 저자, 출판사 필드로 이루어진 하나의 도큐먼트를 저장하는 MongoDB의 insert문입니다.

```
Bookstore> db.Book.insert({도서번호 : "1234567", 도서명 :"MongoDB 모델링", 저자1 : "Ralph Johnson", 저자2 : "Eric Gamma", 출판사 : "한국출판사"})
DeprecationWarning: Collection.insert() is deprecated. Use insertOne, in-sertMany, or bulkWrite.
{
  acknowledged: true,
  insertedIds: { '0': ObjectId('677b507bae40cdfbd0893bf8') }
}
```

두번째 insert 문은 각각의 저자를 author라는 하나의 필드로 지정하고, 그 필드 내에 author1, author2라는 두 개의 저자 필드를 지정해서 데이터를 입력합니다.

```
Bookstore> db.Book.insert({도서번호 : "1234567", 도서명 :"MongoDB 모델링",
출판사 : "한국출판사", 출판연도 : "2024년", 저자: {저자1 : "Ralph Johnson",
저자2 : "Eric Gamma"}})
{
  acknowledged: true,
  insertedIds: { '0': ObjectId('677b570dae40cdfbd0893bf9') }
}
Bookstore>
```

 이 두 개의 insert문으로 등록된 데이터를 조회하면 각각의 도큐먼트가 관리하는 필드가 다름을 볼 수 있습니다. 두번째 도큐먼트는 author라는 필드 내부에 author1, author2라는 두 개의 필드를 가지고 있으며, 데이터가 계층적으로 중첩해서 등록되어 있습니다.

```
Bookstore> db.Book.find()
[
  {
    _id: ObjectId('677b507bae40cdfbd0893bf8'),
    '도서번호': '1234567',
    '도서명': 'MongoDB 모델링',
    '저자1': 'Ralph Johnson',
    '저자2': 'Eric Gamma',
    '출판사': '한국출판사'
  },
  {
    _id: ObjectId('677b570dae40cdfbd0893bf9'),
    '도서번호': '1234567',
    '도서명': 'MongoDB 모델링',
```

```
    '출판사'  '한국출판사',
    '출판년도': '2024년',
    '저자': { '저자1': 'Ralph Johnson', '저자2': 'Eric Gamma' }
  }
]
Bookstore>
```

MongoDB는 관계형 데이터베이스와 다르게 데이터가 등록되는 시점에 관리하는 데이터의 항목을 결정할 수 있습니다. 이런 부분은 컬렉션에서 관리하는 항목의 변경되는 경우 유연하게 대처하는 것이 가능하지만 각각의 도큐먼트마다 관리하는 항목이 다르기 때문에 관리 항목의 변경이 빈번한 경우 관리하는 데이터 항목의 일관성이 떨어지는 단점을 가지고 있습니다.

7.3 MongoDB 데이터 모델링

대부분의 데이터 모델링 도구는 관계형 데이터 모델링을 잘 지원합니다. 관계형 데이터 모델의 경우 오랜 기간 사용되어 왔고, 동일한 데이터 관리 모델을 사용하기 때문에 표준화된 모델링 방법과 표기법을 제공합니다. NoSQL의 경우 각 제품들이 제공하는 데이터의 구조가 각양각색이기 때문에 통일된 데이터 모델링 방법을 제공하지 않습니다.

MongoDB는 중첩된 데이터 구조를 제공하지만 관계형 모델은 중첩된 데이터 구조를 지원하지 않기 때문에 많이 사용하는 데이터 모델링 도구들도 중첩된 데이터 구조를 표현할 수 있는 방법을 제공하지 않습니다. MongoDB에서 제공하는 중첩된 데이터 구조를 표현하기 위해서는 통용되는 데이터 모델링 도구가 아닌 전용 데이터 모델링 도구를 사용해야 합니다.

책과 그 책의 저자를 관리하는 관계형 데이터 모델은 아래의 그림과 같이 작성할 수 있습니다.

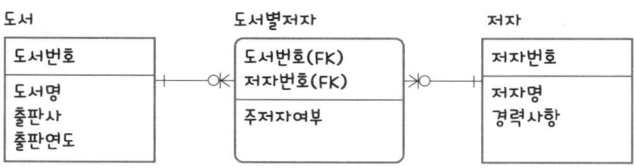

[그림 7-1] 도서정보 관계형 데이터 모델

도서와 저자는 별도의 엔터티로 관리하고 한 도서에 여러 명의 저자가 있는 경우, 그리고 한 명의 저자가 여러 권을 집필한 경우를 고려해서 확장성 있는 데이터 모델을 작성하기 위해서는 도서별 저자를 관리하는 별도의 엔터티를 생성해야 합니다.

아래 그림은 MongoDB의 데이터 구조를 모델링할 수 있는 도구인 Moon Modeler라는 툴을 이용해서 위의 관계형 데이터 모델과 동일한 처리를 하는 데이터 모델을 작성한 것입니다.

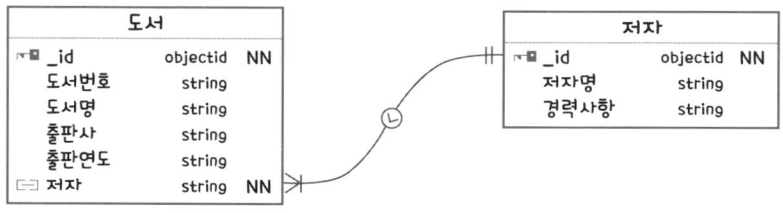

[그림 7-2] 도서정보 MongoDB 데이터 모델(Moon Modeler)

MongoDB는 스키마 프리한 데이터베이스이기 때문에 하나의 도서에 여러 명의 저자를 관리하기 위한 중간 교차 엔터티가 필요하지 않습니다. 관계형 모델은 도서별 공동 저자가 몇 명이 될지 확정할 수 없기 때문에 테이블의 변경을 하지 않기 위해서 별도의 엔터티를 도출해서 처리하지만, MongoDB의 모델은 필드의 확장이 가능하고 미리 데이터의 구조를 선언할 필요 없이 데이터를 입력할 수 있습니다.

MongoDB는 데이터를 입력하는 시점에 필요한 필드를 모두 등록할 수 있습니다. 특히 컬렉션 사이의 조인을 지원하지 않기 때문에 데이터 처리 및 조회의 편의를 위해서 하나의 도큐먼트에 모든 필드를 내장하는 것이 필요합니다. 이 경우 각각의 도큐먼트의 크기가 커지기 때문에 데이터의 입출력 크기가 커지고 많은 양의 데이터가 네트워크를 통해야 하므로 성능이 떨어지는 단점을 가질 수 있습니다.

관계형 데이터 모델의 주요 목표가 중복된 데이터를 제거해서 데이터의 무결성을 유지하도록 설계하는 것이라면, MongoDB 모델링은 하나의 도큐먼트의 크기가 너무 커져서 성능 상의 문제가 발생하지 않도록 적절한 데이터 필드들을 배치하는 것이 필요합니다.

7.4 정리

① MongoDB는 NoSQL 데이터베이스의 하나로 관계형 데이터베이스와 다른 데이터 구조를 제공합니다.

② MongoDB의 데이터 구조
- 데이터베이스(Database): 하나의 MongoDB 인스턴스 내에서 관리하는 데이터 그룹의 단위로 하나의 서비스 내에서 필요로 하는 데이터들의 집합이다.

- 컬렉션(Collection): 데이터를 관리하는 단위로 관계형 데이터베이스의 테이블에 대응하는 객체이다.
- 도큐먼트(Document): 컬렉션에서 내에 저장된 개별 데이터로 데이터를 입력하는 시 자체적으로 발생한 Object ID로 식별된다.

관계형 데이터베이스	MongoDB
스키마(Schema) 또는 데이터베이스(Database)	데이터베이스(Database)
테이블(Table)	컬렉션(Collection)
레코드(Record or Row)	도큐먼트(Document)
컬럼(Column)	필드(Field)

Chapter 8
사례연구

목 표

- 이번 장에서는 여러 프로젝트에서 데이터 모델을 제시하고 개선했던 사례들을 설명합니다. 실제 프로젝트의 사례이기 때문에 특정 프로젝트를 인지할 수 있는 일부 개체(엔터티) 명칭을 수정했으며, 사례 설명에 직접 관련 없는 부분들은 제외하고 설명합니다.

8.1 속성 정의

데이터 모델에서 모든 데이터는 한 곳에서만 관리되어야 하지만 성능 문제 등으로 반정규화 과정을 거치게 됩니다. 속성에 대한 반정규화를 수행하면서 동일 속성을 여러 개체(엔터티)에서 중복 관리하게 되는데 이때는 동일한 도메인을 적용하여 데이터 타입과 크기 및 제약조건을 사용하여 도메인에 대한 무결성을 확보해야 합니다.

사례 1 속성 명칭과 컬럼 명칭의 불일치성

① 현상 및 문제점

[표 8-1]에서 동일한 컬럼 명칭에 대해서 속성의 명칭이 일치하지 않는 것을 볼 수 있습니다. 동일한 성격의 속성 또는 컬럼 상호 간에 명칭에 대한 정의가 통일되지 않으면 내용을 실제와 다르게 인식할 수 있으며, 개발 및 유지보수 시에 혼란을 초래하여 생산성을 저하시킬 수 있습니다.

[표 8-1] 속성 명칭과 컬럼 명칭의 상호 불일치 예

ENTITY NAME	COLUMN NAME	TABLE NAME	ATTRIBUTE NAME	COLUMN DATATYPE	COLUMN DOMAIN NAME
GIANT 채널	item_cd	GIANT_CHANNEL	신모델코드	VARCHAR2(50)	〈default〉
관심모델	item_cd	FAV_ITEM	모델코드	VARCHAR2(30)	〈default〉
예약모델	item_cd	RESERV_ITEM	모델코드	VARCHAR2(20)	String
예약상세 이벤트	item_cd	RESERV_DTL_EVENT	모델코드	VARCHAR2(30)	〈default〉

GIANT 채널	system_tp	GIANT_CHANNEL	시스템구분	VARCHAR2(1)	<default>
거래처 마스터	system_tp	CUSTMSTR	시스템구분	VARCHAR2(1)	DO_FLAG
관심모델 그룹	system_tp	FAV_GROUP	시스템구분	VARCHAR2(1)	<default>
예약상세 이벤트	system_tp	RESERV_DTL_EVENT	데이터생성시스템	VARCHAR2(1)	DO_FLAG
예약정보	system_tp	RESERV	데이터생성시스템	VARCHAR2(1)	<default>
프로그램 주메뉴	system_tp	MAIN_MENU	시스템구분	VARCHAR2(1)	<default>
프로그램 관리	system_tp	PGM_MNG	시스템구분	VARCHAR2(1)	<default>

② 개선사항

속성과 컬럼 명칭에 대한 의미를 파악하여 동일한 의미의 컬럼이지만 속성 명칭에 혼란이 있었다면 속성 명칭을 통일해야 하며, 업무적으로 속성의 의미가 정확하게 반영되었다면 컬럼에 대한 명칭을 속성의 의미가 정확하게 반영될 수 있도록 통일해야 합니다.

사례 2 동일 속성에 대한 데이터 타입과 크기로 컬럼에 대한 무결성 저하

① 현상 및 문제점

일관성이 결여되어, 시스템 개발 및 유지보수 시 속성 이해에 어려움이 예상되며 SQL 구문의 Where절에서 조인 시에 비교대상 컬럼의 타입이 다른 경우 성능이 저하될 우려가 있습니다.

[표 8-2] 도메인 무결성 저하의 예

ENTITY NAME	ATTRIBUTE NAME	TABLE NAME	COLUMN NAME	COLUMN DATATYPE	COLUMN DOMAIN
각형 1호 Winder Pancake 예약	LOT_ID	TB_IEB628	LOT_ID	VARCHAR2(10)	String
고온 Aging Tray Current	LOT_ID	TB_IEB614	LOT_ID	VARCHAR2(10)	String
고온 Aging Tray History	LOT_ID	TB_IEB617	LOT_ID	VARCHAR2(10)	String
프로세스별 상태 정보	LOT_ID	TB_IEB625	LOT_ID	CHAR(20)	String
FOLDING LOT ID 투입 이력	LOT_ID	TB_IEB606	LOT_ID	VARCHAR2(10)	String
FORMATION 품질 데이터	LOT_ID	TB_IEB752	LOT_ID	VARCHAR2(10)	String
Formation Daemon 제품코드	LOT_ID	TB_IEB692	LOT_ID	VARCHAR2(3)	String
LAMINATOR LOT ID 투입 이력	LOT_ID	TB_IEB605	LOT_ID	VARCHAR2(10)	String
PB 공장 Separtor 투입 이력 Table	LOT_ID	TB_IEB631	LOT_ID	VARCHAR2(10)	String
V/DRYER LOT ID 투입 이력	LOT_ID	TB_IEB604	LOT_ID	VARCHAR2(10)	String
각형 1호 Winder Pancake 예약	설비코드	TB_IEB6628	EQUIP_COD	CHAR(2)	String
대표창고 불출실적	설비코드	TB_IEB520	EQUIP_COD	CHAR(2)	String
반제품불량 재고현황	설비코드	TB_IEB415	EQUIP_COD	CHAR(2)	String
반제품재고 History	설비코드	TB_IEB412	EQUIP_COD	CHAR(2)	String
반제품 재고현황	설비코드	TB_IEB411	EQUIP_COD	CHAR(2)	String

불량공부동관리	설비코드	TB_IEB918	EQUIP_COD	VARCHAR2(6)	String
불량용인별 수량	설비코드	TB_IEB660	EQUIP_COD	CHAR(2)	String
생산실적 Magazine 정보	설비코드	TB_IEB126	EQUIP_COD	VARCHAR2(4)	String
설비별 작업진행정보	설비코드	TB_IEB682	EQUIP_COD	CHAR(2)	String
프로그램별 환경설정	설비코드	TB_IEB683	EQUIP_COD	VARCHAR2(2)	String
프로그램별 환경설정(상위)	설비코드	TB_IEB686	EQUIP_COD	VARCHAR2(2)	String
각형 1호 Winder Pancake 예약	투입시간	TB_IEB628	INPUT_TIME	VARCHAR2(14)	String
고온 Aging Tray Current	투입시간	TB_IEB614	INPUT_TIME	VARCHAR2(14)	String
고온 Aging Tray History	투입시간	TB_IEB617	INPUT_TIME	VARCHAR2(14)	String
품질스팩마스터	투입시간	TB_IEB753	INPUT_TIME	DATE	Datatime
반제품 재고현황	삭제유무	TB_IEB411	DEL_CODE	CHAR(1)	String
반제품 투입 실적정보(TRACKING)	삭제유무	TB_IEB611	DEL_FLAG	VARCHAR2(1)	String
반제품 재고실사	삭제유무	TB_IEB409	DEL_CODE	CHAR(1)	String
부동요인 코드마스터(대분류)	삭제유무	TB_IEB927	DEL_CODE	CHAR(1)	String
부동요인 코드마스터(중분류)	삭제유무	TB_IEB928	DEL_CODE	CHAR(1)	String
불량공부동관리	삭제유무	TB_IEB918	DEL_CODE	CHAR(1)	String
사용자 코드관리	삭제유무	TB_IEB915	DEL_CODE	CHAR(1)	String

생산실적 Magazine 정보	삭제유무	TB_IEB126	DEL_FLAG	VARCHAR2(1)	String
설비종합효율목표	삭제유무	TB_IEB306	DEL_CODE	CHAR(1)	String
영업사원 코드관리	삭제유무	TB_IEB920	DEL_CODE	CHAR(1)	String
원가계산단위 코드관리	삭제유무	TB_IEB907	DEL_CODE	CHAR(1)	String
월단위 코드관리	삭제유무	TB_IEB916	DEL_CODE	VARCHAR2(20)	String

② 개선사항

데이터 타입과 길이에 대해 검토하고 동일 속성에 대해서 일관된 데이터 타입과 길이를 적용하기 위해서 분석 단계 초기에 도메인 정의를 하고, 물리 모델에 정의한 도메인을 반영하여 무결성을 확보해야 합니다.

8.2 개체 도출

데이터 모델에서 개체(엔터티)는 개발하고자 하는 시스템에서 관리해야 하는 데이터를 모두 반영하고 있어야 하며, 데이터가 중복관리되지 않도록 개체를 도출해야 합니다. 또한 개체에서 관리되는 데이터가 개체 내부에서 중복되지 않도록 유일성을 보장해야 합니다.

사례 3 명확하지 않은 개체 명칭

① 현상 및 문제점

개체명이 비교적 유일하게 정의되어 있으나 일부 개체명에 필요 없는 용어가 포함되어 있어 해당 개체에서 관리하는 데이터의 의미 파악이 어려우며, 개체명의 일관성이 유지되지 않으면 개체 인식의 효율성이 감소되어 개발 및 유지보수의 생산성을 저하시킬 수 있습니다.

- '~내역' : 실제적으로 Master-Detail관계에 의한 Detail 의미인지 확인하여 반영해야 함
- '~정보', '~관리' : 개체는 대부분 '정보'를 '관리'하는 것이므로 개체의 의미가 명확하다면 생략이 가능함

② 개선사항

개체명을 적합한 명사로 정의하고, 개체 명명규칙을 정의하여 일관성 있게 적용하고, 개체명을 사용한 산출물 간에 개체명을 정확하게 반영해야 합니다. 위에서 예를 든 몇 개의 개체 패턴 이외에 다수의 개체들에 대해 개체의 성격을 정확히 내포할 수 있는 명칭으로 고려하여 보완하져야 합니다.

- (예: '거절내역원장' --> '승인거절내역', '집계내역' --> '승인집계' 등)

사례 4 이력 데이터 누락

① 현상 및 문제점

이력 데이터는 업무를 발생시키는 주체가 되는 개체에 대한 변경사항을 관리하는 개체를 의미합니다.

즉, 구매발주라는 업무를 발생시키기 위한 공급업체 정보를 관리하는 개체 그리고 구매발주라는 업무의 대상이 되는 구매품목 정보를 관리하는 개체와 같이 업무를 발생시키는 개체에 대해서는 공급업체의 전화번호, 주소정보, 구매품목의 가격정보 등 개체들이 가지고 있는 속성들에 대한 변경사항을 이력정보로 관리할 필요가 있습니다.

이러한 이력정보를 관리하기 위해서는 해당 개체와 동일한 속성을 가지는 변경이력에 대한 정보를 관리해야 합니다. 이력 데이터를 관리하지 않으면 과거의 특정 시점에 대한 정보를 추적하는 것이 불가능하게 되는 문제점이 발생합니다.

[그림 8-1]의 예를 보면 [고정자산 Master] 개체에 대해서는 주기적으로 감가상각을 수행하게 되는데 감가상각방법이 고정자산마다 다르게 적용될 수 있으며, 감가상각방법도 언제든지 변경하는 것이 가능합니다.

[그림 8-1]에서 감가상각방법에 대한 이력 데이터를 관리하지 않아 과거에 적용한 감가상각방법에 대한 정보를 찾을 수가 없으며, 특정 기간에 어떤 감가상각방법을 이용해서 감가상각을 수행했는지에 대한 정보도 찾을 수가 없는 문제가 발생합니다.

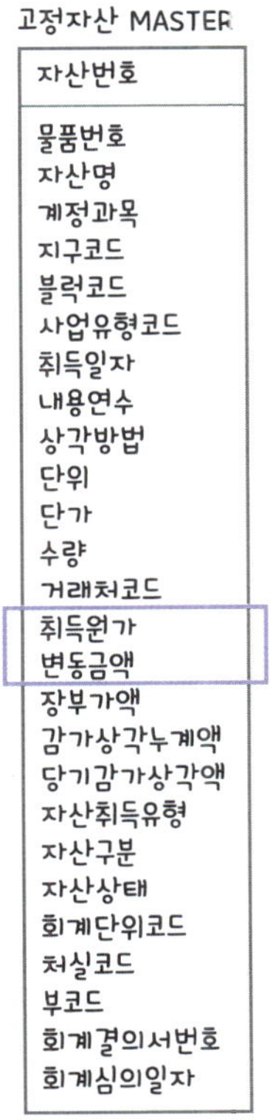

```
고정자산 MASTER
─────────────
자산번호
─────────────
물품번호
자산명
계정과목
지구코드
블럭코드
사업유형코드
취득일자
내용연수
상각방법
단위
단가
수량
거래처코드
┌─────────┐
│취득원가  │
│변동금액  │
└─────────┘
장부가액
감가상각누계액
당기감가상각액
자산취득유형
자산구분
자산상태
회계단위코드
처실코드
부코드
회계결의서번호
회계심의일자
```

[그림 8-1] 기력정보를 관리하지 못하는 마스터 성즌의 개체

② 개선사항

[그림 8-2]의 [감가상각방법] 개체는 감가상각방법에 대한 기준을 관리하는 개체이고 [고정자산별 감가상각내역] 개체는 특정 고정자산의 특정 기간별로 적용한 이력성격의 개체입니다. [고정자산]에 대한 감가상각이 발생하면 [고정자산별 감가상각내역] 개체를 이용하여 감가상각을 수행하게 되고, 감가상각방법이 변경되면 새로운 행이 추가되는 형태의 이력정보를 관리하게 됩니다. 과거의 특정 시점에 적용된 감가상각 기준(정액법, 정률법 여부 및 감가상각율에 대한 정보)를 추적하기 위해서는 [고정자산별 감가상각내역] 개

체를 통해 적용기준을 조회하는 것이 가능합니다. 이처럼 업무를 발생시키는 주체가 되는 개체에 대해서는 별도의 이력 데이터를 관리하는 개체를 추가하여 과거의 정보를 추적할 수 있도록 데이터 모델에 반영되어야 합니다.

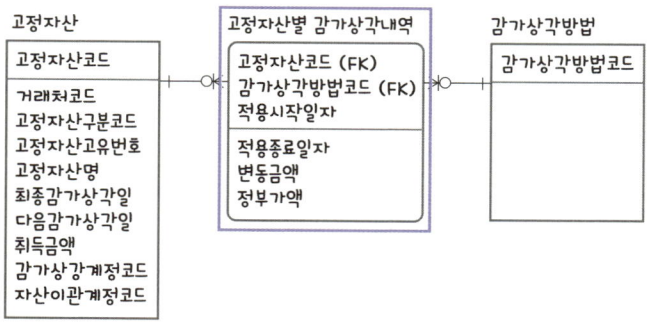

[그림 8-2] 고정자산별 감가상각내역 변경이력 관리를 위해 추가한 개체

사례 5 관계가 불필요한 개체 도출

① 현상 및 문제점

[그림 8-3]은 굳이 도출할 필요가 없는 개체를 도출한 사례입니다.

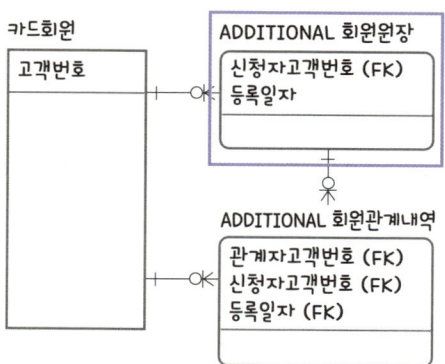

[그림 8-3] 관계를 개체로 도출하여 불필요한 개체가 추가된 예

[카드회원] 개체에 대해서 [ADDITIONAL_회원원장]이라는 개체가 1:M 관계로 설정되었으며, 카드회원과 추가적인 회원관계가 발생하면 [ADDITIONAL_회원원장]과 [ADDITIONAL_회원관계내역] 개체에 관계를 나타내는 데이터가 들어가는 형태로 모델링을 조성한 것입니다.

하지만 [ADDITIONAL_회원원장] 개체는 개체가 아니고 [카드회원]에 대해 추가적인 관계가 발생할 경우 이를 표현하기 위한 관계이며, [ADDITIONAL_회원관계내역]을 통해 정보의 추적이 가능하기 때문에 불필요하게 도출된 개체입니다.

② 개선사항

[그림 8-4]는 [그림 8-3]에서 불필요하게 드출된 개체를 제거한 것으로 [카드회원]과 [ADDITIONAL_회원관계내역] 개체에 대해서 관계자고객번호와 신청자고객번호라는 두 번의 관계 설정으로 해결한 예시입니다.

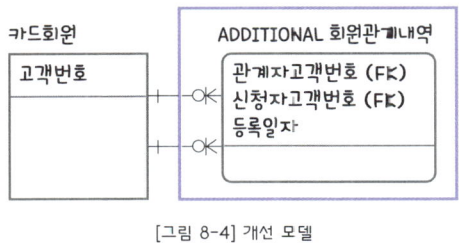

[그림 8-4] 개선 모델

즉 [카드회원]에 대해서 관계를 표현하기 위한 도출한 개체인 [ADDITIONAL_회원관계내역]을 제거해도 아무런 정보의 단절이 없기 때문에 불필요하게 관계를 개체로 도출할 필요없이 두 개체 사이의 관계를 추가하는 것으로 해결할 수 있습니다.

사례 6 동일 속성 반복적 출현 (1차 정규화 대상)

① 현상 및 문제점

[그림 8-5]는 개체에 반복속성이 나타나 1차 정규화의 대상이 되는 데이터 모델의 예입니다. [보훈단체이력]의 연혁정보가 여러 번 반복됩니다. 연혁정보의 횟수가 늘어나게 되면 개체를 변경해야 하기 때문에 개체에 대한 확장성이 떨어지게 됩니다.

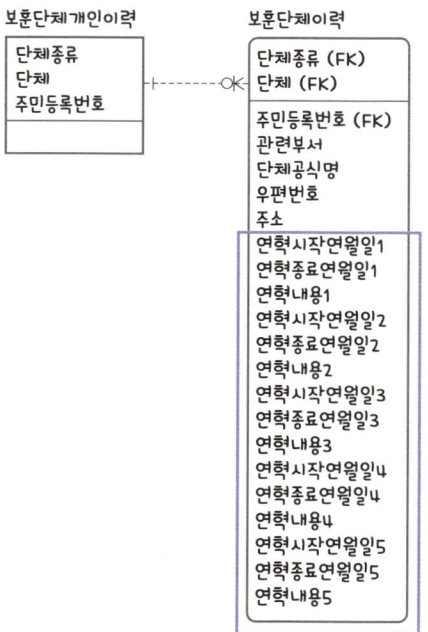

[그림 8-5] 반복속성이 나타나는 개체의 예

② 개선사항

[보훈단체이력] 개체에 나타난 것과 같이 동일 속성이 반복적으로 나타나는 것은 반복속성제거라는 1차 정규화의 대상이 되기 때문에 보훈단체이력에 대해서 [보훈단체연혁]이라는 추가 개체를 고려해야 합니다.

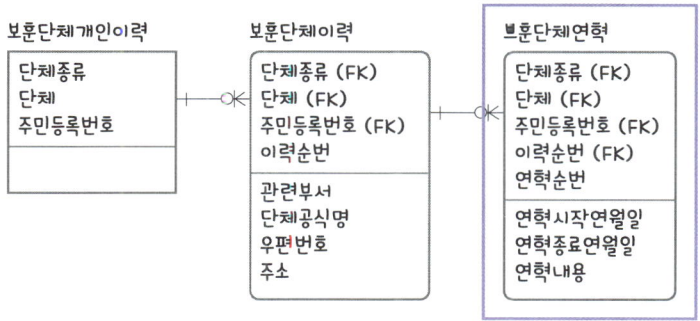

[그림 8-6] 반복속성 제거 개선 모델

사례 7 PK에 대해 일반 속성 부분종속성 발생 (2차 정규화 대상)

① 현상 및 문제점

[그림 8-7]의 [CRM_이벤트제공상품관리] 개체는 특정 이벤트별로 제공하는 상품에 대한 정보를 관리하는 개체입니다.

이 개체는 이벤트제공상품코드+이벤트일련번호 두개의 속성으로 PK를 구성하는데 이벤트제공상품코드 속성 자체가 의미있는 코드 체계를 가지고 관리하는 데이터가 아니라 하나의 데이터가 입력될 때마다 일련번호에 의해 순차적인 번호가 들어가게 됩니다.

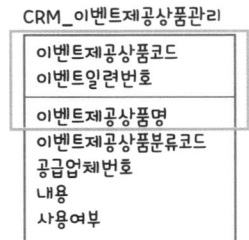

[그림 8-7] PK에 대해 부분종속성이 발생하는 예

불필요한 속성이 PK에 추가적으로 잡히게 되면 해당 개체를 참조하는 모든 개체의 FK 길이가 늘어나게 되며 PK에 대한 부분종속성이 발생하여 정규화의 대상이 됩니다.

② 개선사항

PK가 단순한 일련번호를 사용하는 경우 하나의 속성만으로 PK를 구성하더라도 Key의 중복이 발생하지 않기 때문에 불필요한 속성이 PK로 설정되어 PK의 크기를 증가시키는 문제가 발생할 수 있습니다.

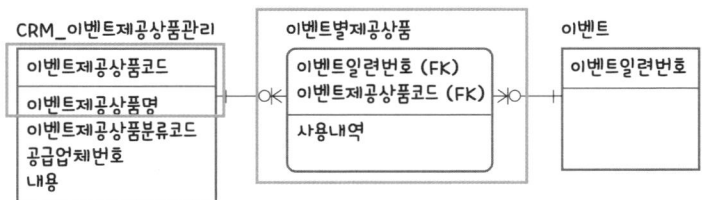

[그림 8-8] PK에 대해 부분종속성 해소 사례

사례 8 PK 구성 컬럼의 수가 많아 조인 조건이 복잡해짐

① 현상 및 문제점

[그림 8-9]의 [고객정보변경] 개체는 결제를 위해 관리하는 고객정보의 이력을 관리하는 개체입니다.

고객정보어 대한 변경사항이 발생하는 경우에 고객번호+카드번호+정보변경일자만을 PK로 선정해도 개체의 무결성이 확보될 수 있으나, 정보변경구분코드+멤버쉽회사코드+관계자고객번호가 PK로 추가되었습니다.

PK를 이렇게 선정한 것은 조회조건에 사용되는 모든 속성을 PK로 식별하고 개체마다 하나의 인덱스만을 생성하기 위한 것이나 PK는 가능한 짧고, 단순하고, 유일하고, Not NULL 이어야 한다는 PK 선정 기준에 부합하지 않으며, 검색조건이 추가될 때마다 PK를 변경해야 하는 문제가 발생합니다.

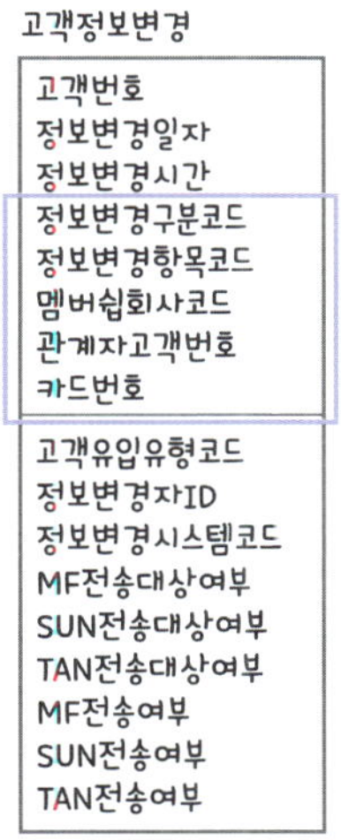

```
고객정보변경
┌─────────────┐
│ 고객번호     │
│ 정보변경일자 │
│ 정보변경시간 │
├─────────────┤
│ 정보변경구분코드 │
│ 정보변경항목코드 │
│ 멤버쉽회사코드   │
│ 관계자고객번호   │
│ 카드번호         │
├─────────────┤
│ 고객유입유형코드 │
│ 정보변경자ID     │
│ 정보변경시스템코드 │
│ MF전송대상여부   │
│ SUN전송대상여부  │
│ TAN전송대상여부  │
│ MF전송여부       │
│ SUN전송여부      │
│ TAN전송여부      │
└─────────────┘
```

[그림 8-9] 복잡한 PK 구성의 예

② 개선사항

정보변경구분코드, 정보변경항목코드, 멤버쉽회사코드 등의 속성은 구분코드이기 때문에 가능한 일반 속성으로 내리고 PK를 간단하게 구성하는 것이 좋습니다. 그리고 조회조건에 많이 사용되는 속성이면 PK 구성이 아닌 추가적인 인덱스를 고려하는 것이 바람직합니다.

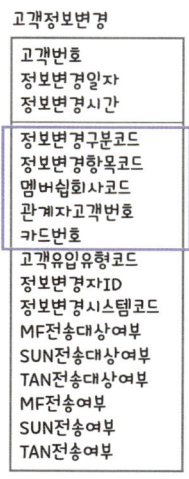

[그림 8-10] 복잡한 PK 해소

사례 9 개체 사이의 PK 구성순서가 달라 조인 시 성능저하 발생

① 현상 및 문제점

[그림 8-11]은 상/하위 개체 사이의 PK 구성순서가 일치하지 않아 SQL 문장의 성능저하가 발생할 수 있는 형태의 데이터 모델입니다.

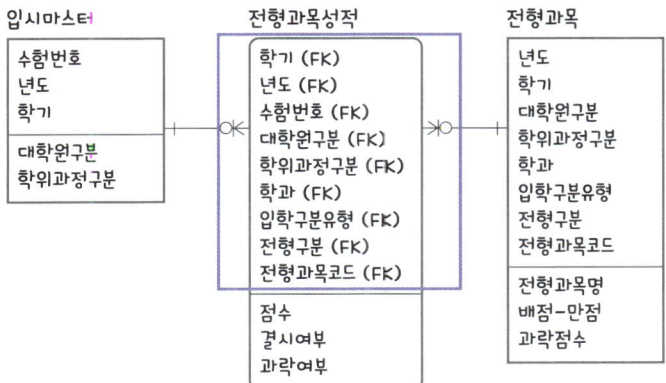

[그림 8-11] 상하위 개체 사이의 PK 구성 순서가 불일치하는 예

[그림 8-8]의 [입시마스터] 개체의 PK는 수험번호+년도+학기의 순서로 구성되어 있으며, [전형과목성적] 개체는 학기+년도+수험번호의 순서로 PK가 구성되어 있습니다. 이때 두 개의 개체 사이에 조인이 발생한다면 인덱스의 순서가 달라 인덱스의 값을 직접 비교하지 못하고 테이블의 컬럼을 비교하기 때문에 성능 상의 문제가 발생할 수 있습니다.

② 개선사항

[입시마스터], [전형과목성적], [전형과목] 3개의 개체가 년도와 학기 두 개의 속성을 공통적으로 가지게 됩니다. 따라서 개체를 종합적으로 고려하여 PK의 순서를 결정하고 인덱스를 생성해야 조인 발생 시 SQL 문장의 성능을 보장할 수 있어야 합니다.

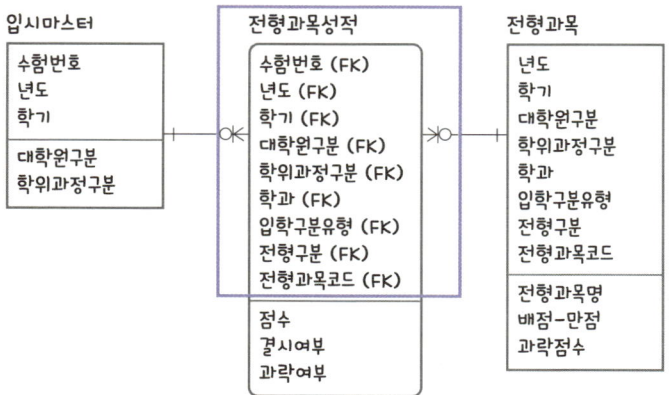

[그림 8-12] 상하위 개체 사이의 PK 구성순서의 조정

사례 10 이력 데이터 관리 시 시작/종료일자 관리 미비로 불필요한 로직 처리

① 현상 및 문제점

개체에 대한 이력정보를 관리해야 할 필요가 있을 때 해당 이력이 적용된 시작일자와 종료일자를 관리하지 않더라도 업무적으로는 아무런 문제는 발생하지 않습니다. 다만 과거의 상태를 조회할 필요가 있는 경우 시작일자와 종료일자를 관리하면 해당 이력정보를 가지고 있는 모든 행을 가져와 애플리케이션에서 처리를 해줘야 하는 부담을 줄일 수 있습니다.

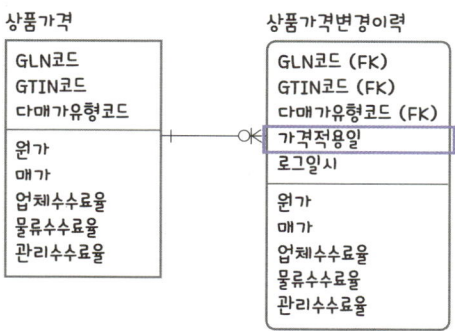

[그림 8-13] 이력 성격의 개체에 대해 시작일자와 종료일자를 관리하지 않은 예

[그림 8-13]의 예에서 보듯이 상품가격에 대한 이력정보를 [상품가격변경이력]이라는 개체에서 관리하게 됩니다. 상품이 새로 9월 1일에 추가되고 가격에 대한 정보가 10월 1일에 변경되었다면 9월 15일에 대한 가격정보를 조회하고 싶은 경우 해당 상품의 모든 과거 정보를 조회하여 애플리케이션에서 변경일자별 비교를 통해서 9월 15일의 가격정보를 알아내야 하기 때문에 애플리케이션의 처리로직이 필요합니다.

② 개선사항

[그림 8-14]의 [상품가격변경이력] 개체에 상품가격변경에 대한 가격적용시작일과 가격적용종료일이라는 속성을 추가했습니다

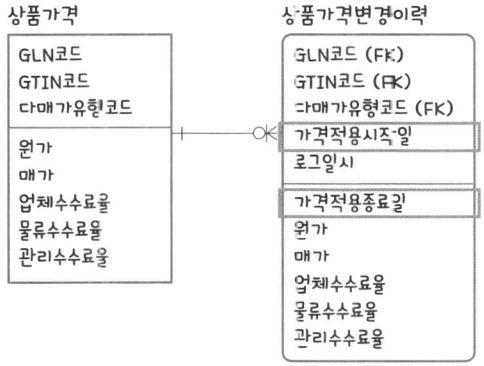

[그림 8-14] 성능향상을 위해 시작일 및 종료일 관리 예

특정 시점에 상품가격에 대한 정보를 조회할 경우 가격적용시작일과 가격적용종료일 두 개의 속성을 이용하여 애플리케이션에서 특별한 처리 없이 직접 데이터의 검색이 가능하고 조회 시 인덱스를 이용할 수 있기 때문에 성능이 개선되는 장점을 가지게 됩니다.

8.3 개체 사이의 관계

관계란 개체 사이의 논리적인 연관성을 의미합니다. 개체 사이의 관계가 누락되면 데이터 상호 간의 연관관계가 단절되어 데이터를 추적하기가 어려운 문제가 발생하며, 데이터의 일관성을 확보하기 어려워 데이터의 불일치성이 발생할 수 있는 원인이 됩니다. 따라서 데이터에 대한 참조무결성을 확보할 수 있도록 개체 사이의 관계를 정확하게 정의해야 합니다.

사례 11 1:M 관계에 대해서 하위 개체의 Key가 상위 개체와 동일

① 현상 및 문제점

[그림 8-15]은 1:M 관계로 설정된 두 개의 개체의 PK 구성이 동일하게 구성되어 데이터의 무결성을 보장할 수 없는 문제가 발생합니다.

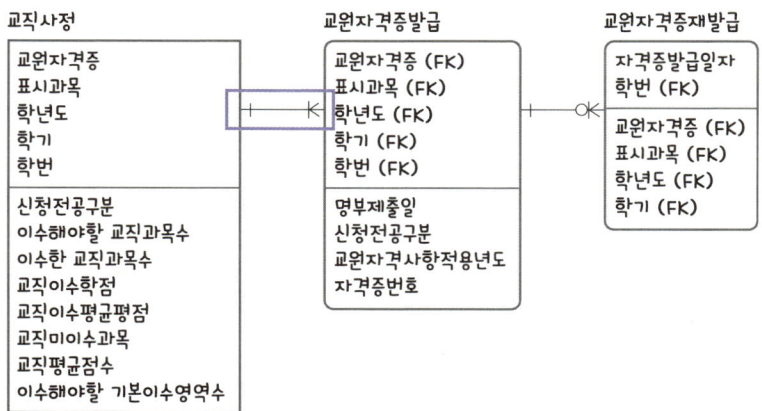

[그림 8-15] 1:M 관계에 대한 PK 구성 오류

데이터 모델 검토 시 많이 발생하는 것으로 두 개의 개체가 원래 1:1 관계이지만 1:M으로 관계를 설정한 경우와 관계는 1:M이지만 M에 해당하는 추가 속성을 정의하지 않아 모델에 오류가 발생한 것입니다.

② 개선사항

엔터티에 도출한 PK를 검토하여 실제 1:M 관계이지만 PK를 잘못 구성한 것인지, 1:1 관계를 1:M으로 표현한 것인지를 명확하게 하여 모델을 작성해야 합니다.

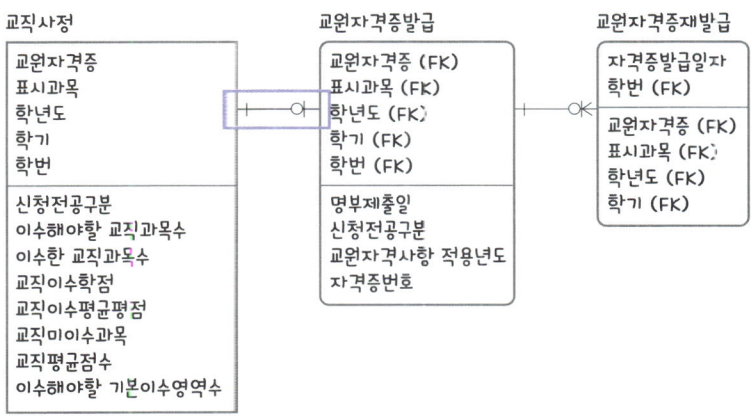

[그림 8-16] 관계와 PK 구성의 차이 해소 사례

사례 12 계층구조를 표현하기 위한 관계

① 현상 및 문제점

계층구조를 표현해야 하는 관계는 조직구조나 회계 계정코드와 같이 바로 위의 계층이 하나만 존재하는 경우와 하나의 복수의 상위와 복수의 하위 계층이 존재하는 두 가지 유형이 있습니다. [그림 8-17]은 회계부서의 부서코드에 대한 정보를 관리하는 엔터티로 계정에 대한 계층구조가 자기참조관계로 설정되어 상위 계정에 대한 정보를 추적하는 것이 가능해야 하지만 자기참조관계가 누락되어 상위 부서가 무엇인지를 추적하는 것이 불가능하도록 모델링된 것입니다.

[그림 8-17] 계층정보에 대한 관계 설정 누락 예

두번째 계층관계 표현의 유형은 복수의 상하위 계층구조를 가지는 경우입니다. 복수의 상하위 계층구조를 가지는 것은 전자제품을 조립하기 위한 부품정보가 가장 대표적인 예입니다. 전자제품의 경우 하나의 전자제품은 여러 개의 부품을 가지고 조립하게 됩니다. 이러한 관계는 일반적인 자기참조관계를 통해 데이터의 추적을 보장하게 됩니다. 하지만 부품의 측면에서 보면 하나의 부품은 여러 개의 제품에 부속품으로 들어가는 것도 가능합니다.

[그림 8-18]의 [BC_BOM] 개체와 [BC_COMPS] 개체는 제품에 대한 부품구성정보를 관리하는 두 개의 개체이지만 하나의 제품을 구성하기 위한 부품정보만을 표현하도록 구성되었기 때문에 여러 제품에 부품으로 사용되는 경우에 대해서는 모델에 반영되어 있지 않습니다. 또한 [BC_BOM], [BC_COMPS], [BC_SUBCOMPS]를 통해서는 여러 계층의 부품구성정보를 표현하지 못하고 하나의 계층 정보만을 표현할 수 있기 때문에 부품정보에 대한 확장성이 떨어집니다.

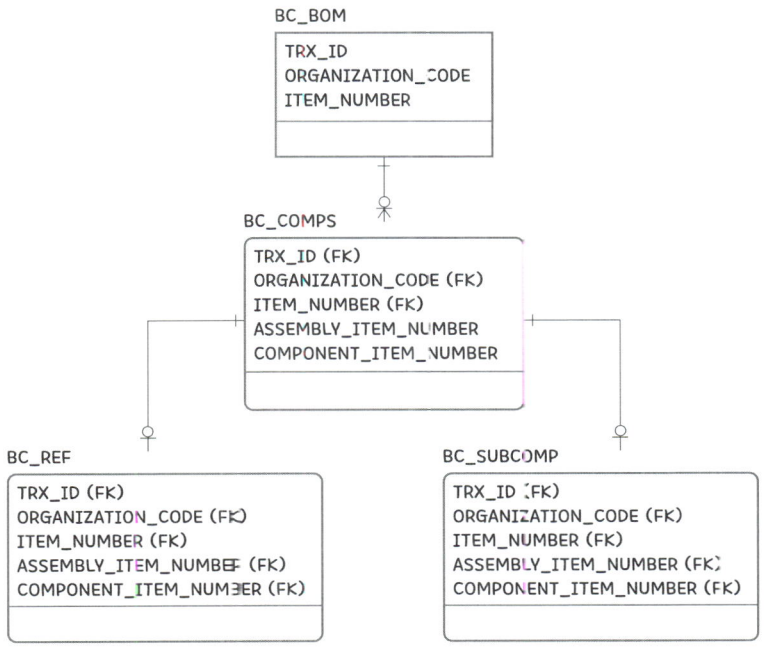

[그림 8-13] 복수의 상하위 계층구조에 대한 데이터 모델 예

② 개선사항

[그림 8-17]의 모델을 개선하기 위해서는 하나의 개체에서 상위 계층의 정보를 추적하는 것이 가능하도록 [회계부서코드관리] 개체에 [그림 8-19]와 같이 자기참조관계를 설정하도록 모델을 수정하는 것이 필요합니다.

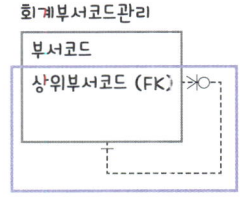

[그림 8-19] 자기참조관계를 통한 계층구조 표현

[그림 8-20]은 [그림 8-18]의 모델이 복수의 상하위 계층정보를 표현하지 못하는 문제점을 해결한 데이터 모델의 구성입니다. [Component] 개체는 모든 제품과 부품에 대한 정보를 모두 가지고 있으며, 동일한 정보를 [Comp1]에서도 가지고 있습니다. [Component]와 [Comp1] 두 개의 개체 사이의 관계가 두 번 설정된 것은 하나는 자신의 하위 부품에 대한 관계를 의미하고 다른 하나는 자신의 상위 부품에 대한 관계를 나타내기 위해서 설정한 것입니다.

모델을 [그림 8-20]과 같이 구성하면 복수의 상위 부품과 복수의 하위 부분에 대한 계층이 아무리 깊어도 모두 표현하는 것이 가능해지기 때문에 계층구조가 증가하더라도 프로그램이나 테이블에 대한 변경없이 부품구성정보를 조회하는 것이 가능합니다.

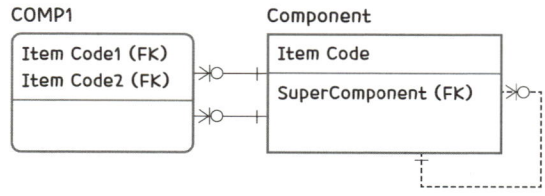

[그림 8-20] 복수의 상하위 계층을 가진 경우의 관계 표현

사례 13 데이터 발생순서와 관계 설정이 배치되는 문제

① 현상 및 문제점

[그림 8-21]은 상품등록요청이 발생한 뒤에 상품등록이 허락되면 [상품] 엔터티에 상품이 등록되는 순차적인 업무처리를 진행하는 업무를 모델링한 것입니다.

이와 같이 개체 사이의 관계가 설정된 이유는 어떤 특정 상품이 어떤 상품등록요청에 의해서 등록된 것인지 여부와 상품을 등록하기 위해서 몇 번의 상품등록요청이 발생하였는지를 파악하기 위한 것이지만, 상품 쪽이 Not Null로 설정되어 상품정보를 미리 등록하지 않으면 [상품등록요청]에 데이터가 들어갈 수 없는 문제가 있으며, 참조관계를 제거하고 테이블 생성하더라도 참조무결성에 위배되는 문제점을 가진 모델입니다.

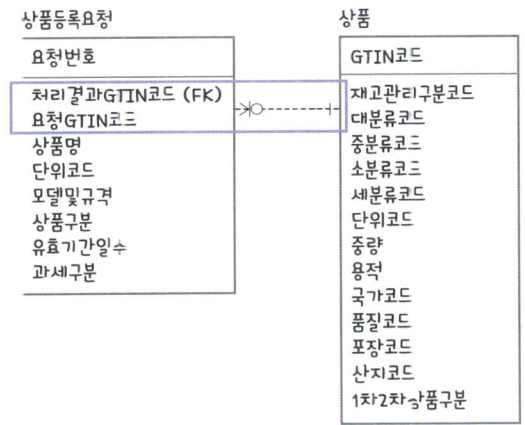

[그림 8-21] 데이터 발생 순서와 반대로 관계가 설정된 예

② 개선사항

[그림 8-22]와 같이 상품에 대해서 Null을 허용하도록 관계에 대한 수정을 하면 [상품] 개체에 데이터가 없더라도 상품등록요청이 가능하기는 하지만, [상품등록요청]의 FK인 요청GTIN코드에 등록되는 값이 실제 상품의 GTIN코드가 없더라도 참조무결성을 보장하는 장치가 없어지는 문제가 발생합니다.

[상품등록요청]과 [상품] 개체의 관계를 반대로 설정합니다. 이때 [상품등록요청]과 [상품] 개체 사이의 관계는 [상품등록요청] 개체에서 [상품] 개체 쪽으로 1:1 관계로 설정합니다.

이렇게 함으로써 특정 상품이 어떤 상품등록요청에 의해 상품으로 등록되었는지 여부를 확인하는 것이 가능하게 됩니다.

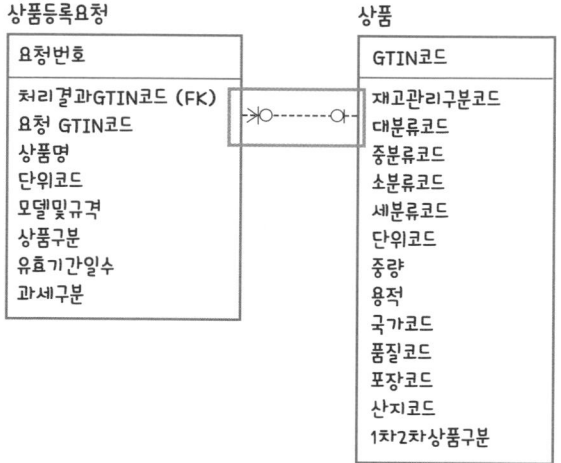

[그림 8-22] 데이터 발생 순서를 고려하여 참조무결성 제약에 걸리지 않도록 수정

특정 상품에 대한 상품등록요청 횟수를 알기 위해서는 [상품] 개체에 등록요청횟수라는 유도값(Drived Value)을 관리하는 속성을 추가하도록 반정규화하며, 특정 상품에 대한 상품등록요청에 대한 정보를 파악하기 위해서는 [상품등록요청] 개체에 이전 상품등록요청에 대한 정보를 파악하기 위한 자기참조관계를 설정하는 것으로 해결하는 것이 가능합니다.

이렇게 모델을 수정할 경우 참조무결성을 보장하면서 원하는 결과를 모두 조회할 수 있습니다.

사례 14 복합키의 다가종속성 문제

① 현상 및 문제점

아래의 [그림 3-23]에서 [임대/임차부동산사후관리]는 [임대/임차부동산], [임차부동산미수금], [임차부동산특수채권] 3개의 개체로부터 키를 받아오며, [임차부동산미수금]과 [임차부동산특수채권] 두 개의 개체도 [임대/임차부동산]에 대해서 참조관계를 가지는 복잡한 구조로 구성되어 있습니다.

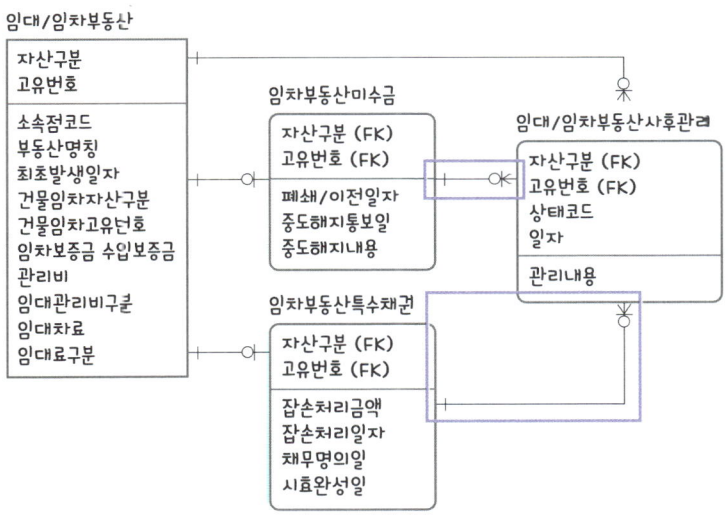

|그림 8-23| 복합키의 다가종속성 문제

이는 개체 사이의 관계를 복잡하게 구성할 뿐만 아니라 [임대/임차부동산사후관리]가 임차부동산미수금에 대한 사후관리인지 임차부동산특수채권에 대한 사후관리인지를 정확하게 판단하기 어렵다는 문제가 발생합니다.

또한 임대/임차부동산에 대해서 임차부동산미수금이나 임차부동산특수채권이 발생하지 않는다면 [임대/임차부동산사후관리]에 대한 데이터 입력이 제약에 걸려 불가능한 상태가 됩니다.

② 개선사항

[그림 8-23]의 [임차부동산미수금]과 [임대/임차부동산사후관리] 및 [임차부동산특수채권]과 [임대/임차부동산사후관리] 사이에 연결된 참조관계는 개체 사이의 관계만 복잡하게 구성하고 불필요한 제약조건을 생성하기 때문에 관계를 단절해야 합니다.

[임대/임차부동산사후관리] 개체에는 일반적인 임대/임차부동산에 대한 사후관리인지, 임차부동산미수금 및 임차부동산특수채권에 대한 사후관리인지 여부를 판단하기 위한 속성이 추가로 고려되어야 합니다.

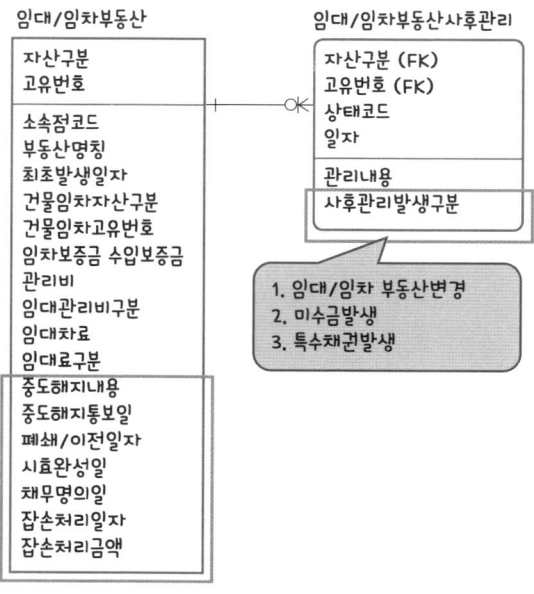

[그림 8-24] 복합키의 다가종속성 문제

사례 15 N-Ary 관계 발생

① 현상 및 문제점

데이터 모델에서 하나의 개체에 Ternary 이상의 관계가 설정되는 것은 피해야 하는 개체 사이의 관계라고 알려져 있습니다.

　[그림 8-25]의 예에서 보여주는 것과 같이 [민원사무처리유형] 개체와 같이 하나의 개체가 3개 이상의 상위 개체로부터 관계를 받아오는 것은 [민원사무], [민원접수처리기관유형], [서식유형] 세 개의 개체에 대한 M:M 관계를 하나의 교차 개체로 풀기 위한 것이나 특정 시점에 [민원사무처리유형] 개체에 데이터가 없으면 세 개체 사이의 관계를 추적할 수 없는 Chasm Trap 이 발생할 수 있습니다.

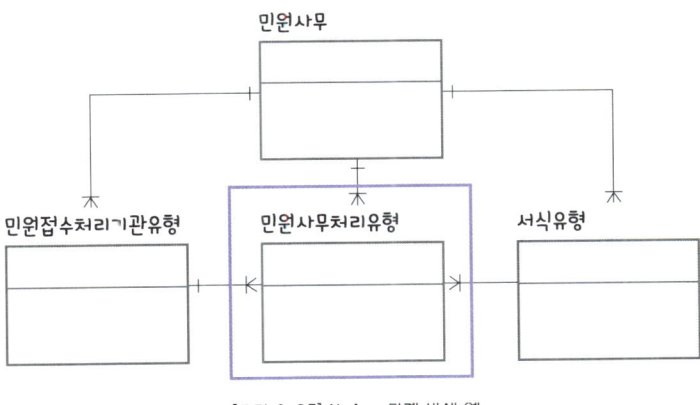

[그림 8-25] N-Ary 관계 발생 예

② 개선사항

[그림 8-26]과 같이 Ternary 관계를 제거하기 위해 개체 사이에 교차 개체를 두고 각 교차 개체로부터 민원사무처리유형에 대한 관계를 설정하면 특정 시점에 개체 사이의 관계가 단절되는 것을 방지할 수 있습니다.

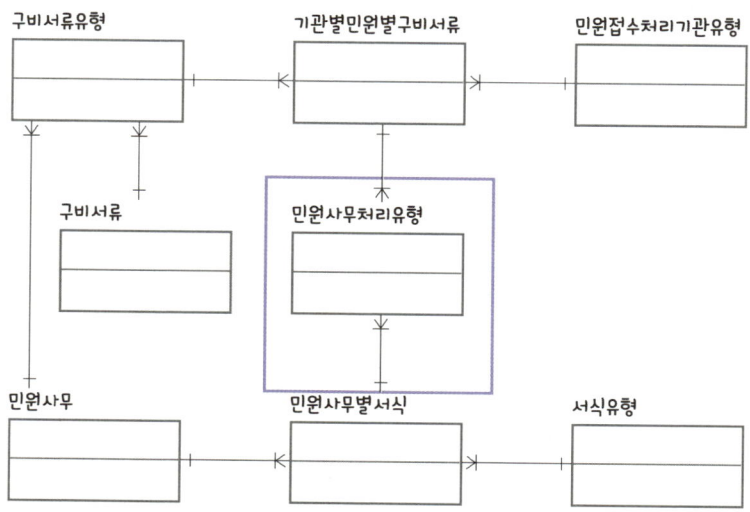

[그림 8-26] 추가 개체로 N-Ary 관계를 제거한 개선 모델

사례 16 유사 성격의 개체에 대해 슈퍼/서브타입 관계를 표현하지 않음

① 현상 및 문제점

[그림 8-27]에서 고정자산에 대한 기본정보를 관리하는 개체를 고정자산의 종류에 따라 [동산원장], [무형고정자산원장], [소유부동산원장]의 세 가지 개체로 구분하여 정의했습니다.

세 가지 개체는 [고정자산]이라는 개체의 하위 개체를 개별적으로 정의한 것이며, PK의 구성도 은행코드+동산바코드, 자산구분+일련번호, 자산구분+고유번호로 모두 다르기 때문에 고정자산이라는 공통적인 성격의 데이터를 통합적으로 관리하지 못하는 문제가 발생합니다.

동산원장	무형고정자산원장	소유부동산원장
은행코드 동산바코드	자산구분 일련번호	자산구분 고유번호
동산일련번호 상태코드 점코드 취득일자 최초취득액 취득원가 모델명 구입처명 규격	은행코드 점코드 최초취득일 계리발생일 무상사용시작일 무상사용종료일	소속점코드 부동산명칭 최초계리발생일 지목 층수 총면적 전용면적 현재장부금액

[그림 8-27] Super/Subtype 관계를 표현하지 않아 데이터가 통합화 되지 않은 예

② 개선사항

[그림 8-27]의 데이터 모델은 [그림 8-28]과 같이 Super/Subtype 관계를 통해서 통합관리를 하는 것이 가능합니다.

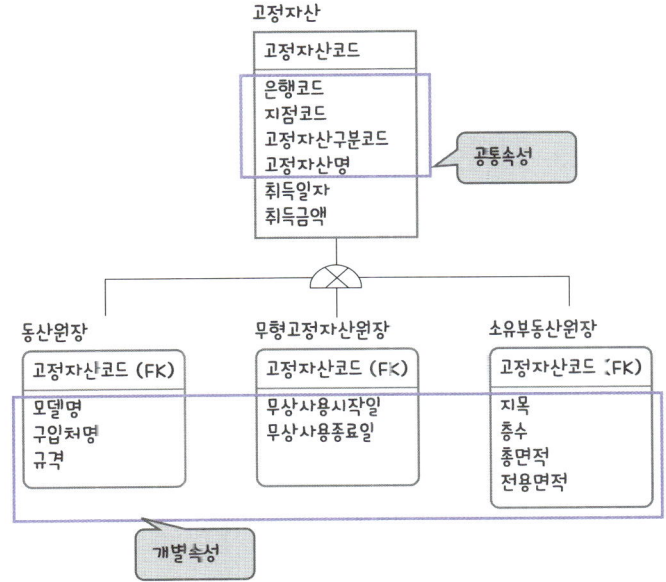

[그림 8-28] Super/Sub 타입

모든 고정자산에 대한 공통적인 정보와 업무 처리는 [고정자산] 개체를 통해 수행하게 되며, 부동산, 동산, 무형자산에 대한 특수한 업무와 따로 관리해야 하는 정보는 개별적인 개체를 통해 관리해야 합니다.

즉 모든 고정자산에 대해 공통적으로 발생할 수 있는 업무인 자산취득, 감가상각, 재평가, 폐기 등의 업무가 발생할 경우 개별적인 세 개의 개체의 정보가 변경되는 것이 아닌 [고정자산] 개체 하나만을 통해 관리할 수 있기 때문에 애플리케이션의 수정이 용이해지기 때문에 유지보수에 대한 부담을 감소시킬 수 있는 장점이 있습니다.

Appendix
ERgrin 설치 및 실행 가이드

1. ERgrin 설치

ERgrin은 ㈜씨에스리에서 제작한 DB 모델링 소프트웨어입니다. ERgrin을 사용하여 본 서의 DB 모델링을 실습해 볼 수 있습니다. 설치파일은 아이리포 카페에서 무료로 쉽게 내려받을 수 있으니 가급적 설치 후 사용해보세요.

ERgrin을 설치하면 기본적으로 커뮤니티 버전으로 실행되며 별도의 정식 구매를 통해 프로페셔널 버전으로 업그레이드할 수 있습니다. ERgrin의 라이선스별 기능 차이는 다음과 같습니다.

[표 1] ERgrin 라이선스별 기능 차이

	Community	Professional	Enterprise
사용 대상	일반 및 학생 사용자	전문 데이터베이스 모델러	기업 고객 대상(SI 프로젝트 등 기업 고객 대상)
유료 여부	무료	유료	유료
온라인 업데이트 제공	제공	제공	제공(별도의 업데이트 서버 구축 가능)
주요 기능 차이	신규 추가 엔터티 개수 최대 50개	Community 버전 모든 기능 포함 신규 추가 엔터티 개수 최대 10,000개	Professional 버전 모든 기능 포함 리포지토리 기능(리포지토리 서버 설치 제공) 뷰어 공유 기능(리포지토리 서버를 통한 웹 공유 기능)

커뮤니티 버전의 경우 신규 추가 엔터티 개수가 최대 50개로 제한이 될 뿐 모델링에 관한 기본적인 기능은 모두 사용 가능합니다. 다만, ㈜씨에스리의 정책에 따라 사용기간에 제약이 있을 수 있습니다.

01 아이리포 카페에서 ERgrin 설치파일을 다운로드합니다. 설치파일을 내려받기 위해 먼저 카페에 가입해야 합니다. 가입 후 로그인하면 설치파일을

다운로드 받을 수 있습니다.

https://cafe.naver.com/ilifobooks

02 다운로드한 ERgrinSetup-3.0.16.5.exe 설치파일을 더블클릭하여 실행합니다.

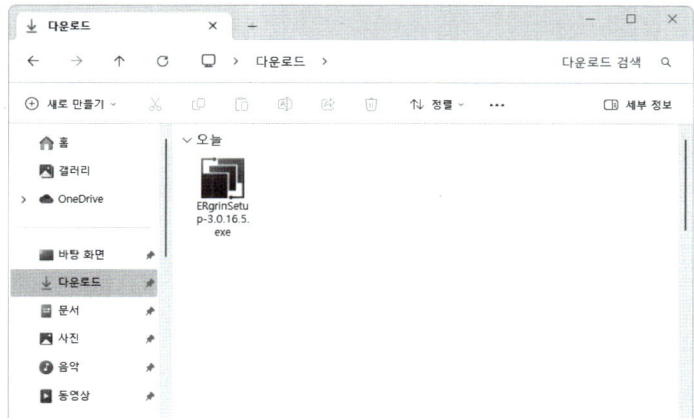

03 설치 위치를 선택한 후, [다음] 버튼을 클릭합니다.

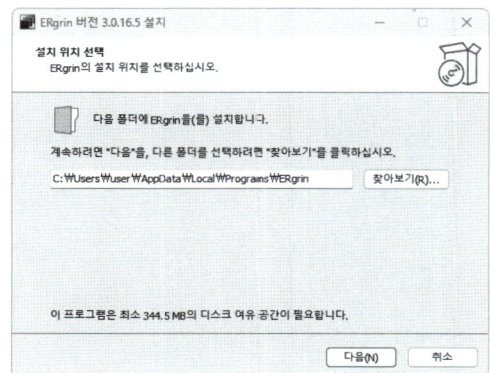

04 시작 메뉴 폴더를 선택한 후, [다음] 버튼을 클릭합니다.

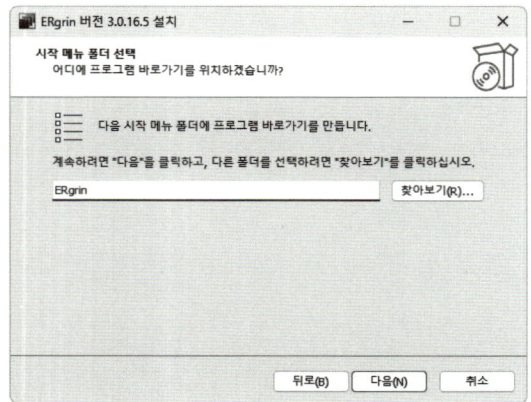

05 바탕화면에 바로가기를 만들지 선택한 후, [다음] 버튼을 클릭합니다.

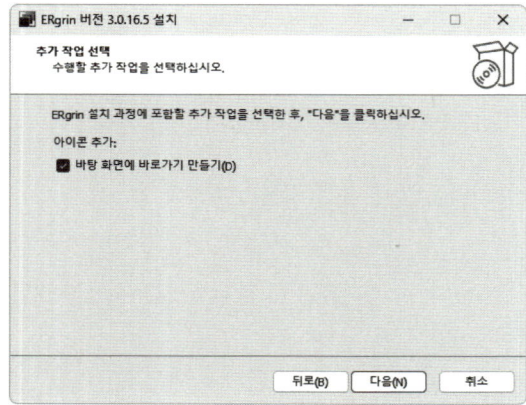

06 설치 준비 완료 화면에서 설정을 확인한 후, [설치] 버튼을 클릭합니다.

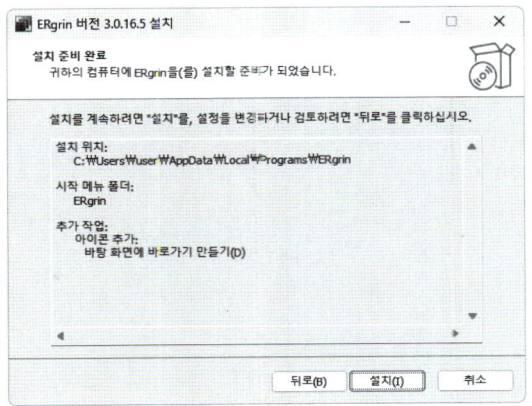

07 이제 파일이 복사되며 설치가 진행됩니다.

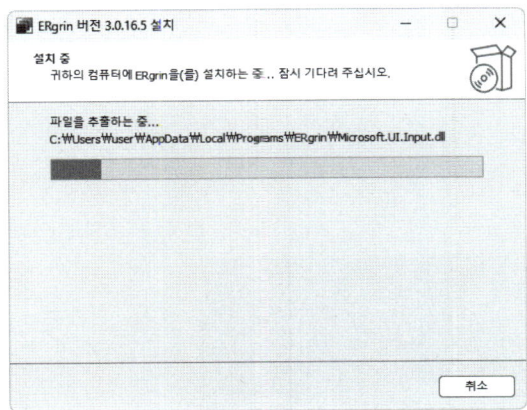

08 설치가 완료되면 [종료] 버튼을 클릭하여 설치를 완료합니다. [ERgrin 실행]을 선택하고 [종료] 버튼을 클릭하면 ERgrin이 바로 실행됩니다.

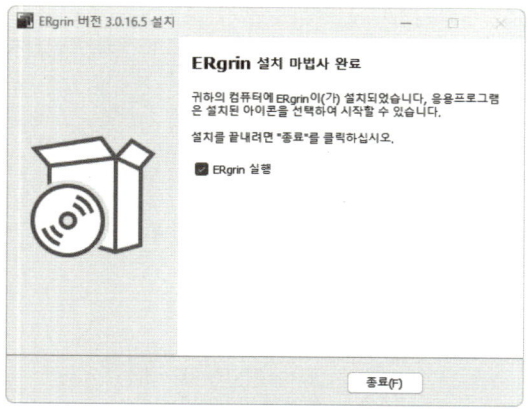

09 바탕화면의 ERgrin 아이콘을 선택하거나 시작 메뉴에서 ERgrin을 선택해서 프로그램을 시작할 수 있습니다.

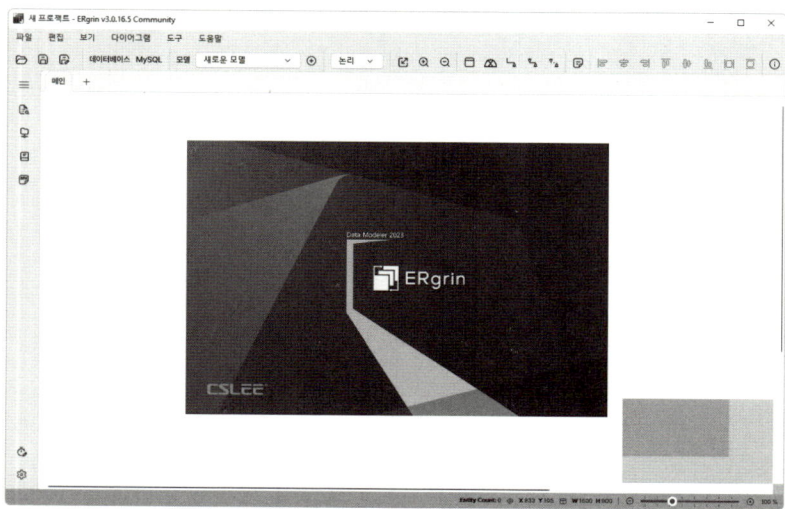

2. ERgrin 기본 사용법

간단한 모델링 작업을 통해 ERgrin의 기본 사용법을 익혀봅시다.

메인창에서 ░ ▲ ↳ ↳ ↳ 아이콘을 통해 바르 데이터 모델링이 가능합니다.

[부서, 사원 엔터티 생성하고 관계 연결]

01 ░ (엔터티) 아이콘을 클릭한 후, 메인창의 빈 공간을 클릭하면 킨 엔터티가 생성됩니다.

02 이 상태에서 '부서'라는 엔터티명을 입력합니다. (입력 활성화가 안 되어 있을 경우 `F2` 키를 누르면 입력 가능)

03 `Tab` 키를 눌러 PK영역으로 이동하여 '부서번호'를 입력합니다.

부서
부서번호

04 `Tab` 키를 눌러 일반속성영역으로 이동하여 속성들 '부서명', '주소'를 입력합니다.

05 🗔 (엔터티) 아이콘을 클릭한 후, 메인창의 빈 공간을 클릭하면 빈 엔터티가 생성됩니다.

06 이 상태에서 '사원'라는 엔터티명을 입력합니다.

07 사원 엔터티에 속성을 입력합니다. 속성을 2개 이상 입력하고자 할 경우 `Enter` 키를 통해 그 다음 속성을 계속 입력하는 것이 가능합니다.

사원
| 사원번호 |
| 사원이름 |
| 사원전화번호 |
| 사원주소 |

08 ↳ (식별관계 연결) 아이콘을 클릭한 후, 부서 엔터티를 클릭하고 사원 엔터티를 클릭합니다. (마우스를 클릭상태에서 드래그하지 말고, 엔터티를 클릭 완료하고 연관 엔터티를 다시 한번 클릭하면 연결됨)

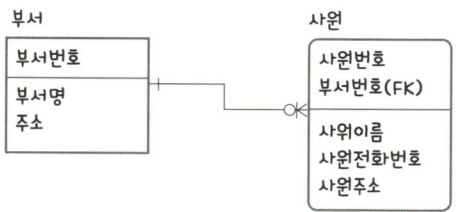

[자기참조관계-연결]

01 ↳ (식별관계 연결) 아이콘을 클릭하여 부서 엔터티를 클릭하고 또 다시 한번 클릭합니다.

부서
| 부서번호 |
| 부서명 |
| 주소 |
| 부서번호1(FK) |

02 (부서번호1(FK)가 생성되면 자기참조관계 생성 완료)

*(주의) 자기참조관계의 경우 식별관계로 연결하더라도 비식별관계로 생성됩니다.

*(주의) 설정의 "FK 이름 중복 처리방법"이 "중복되지 않는 이름을 자동 생성합ㄴ다."로 선택되어 있어야 FK가 생성됩니다.

03 부서번호1 속성이 마우스를 클릭하여 F2 키를 입력한 후 '상위부서번호'로 수정합니다.

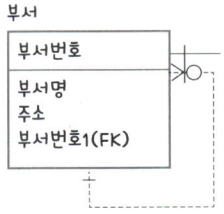

[슈퍼타입-서브타입 데이터 모델링]

01 엔터티 아이콘을 클릭하여 일반사원과 계약사원 엔터티를 생성합니다.

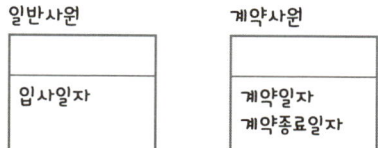

02 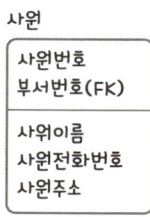 (슈퍼-서브타입) 아이콘을 클릭한 후, 사원 엔터티를 클릭하고 일반사원을 클릭합니다.

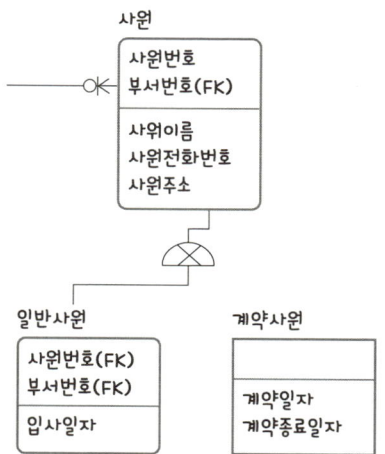

03 (슈퍼/서브타입) 아이콘을 클릭한 후, 메인창의 ⚛ 를 클릭하고 계약사원을 클릭합니다.

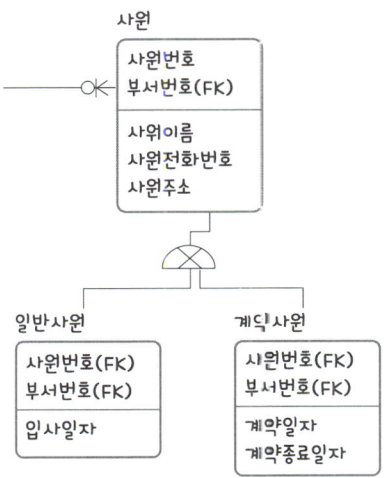

[아크관계 데이터 모델링]

01 엔터티 아이콘을 클릭하여 사원과 임시직원을 생성합니다.

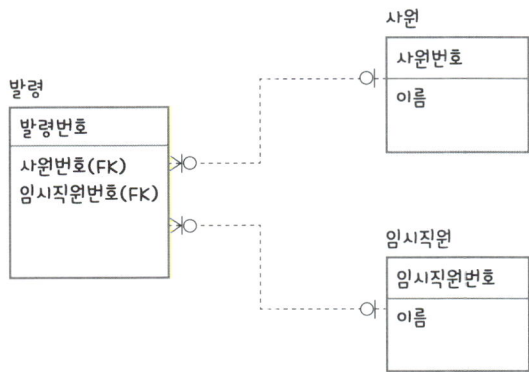

02 발령의 사원번호와 임시직원번호를 '직원번호'로 이름을 변경합니다.

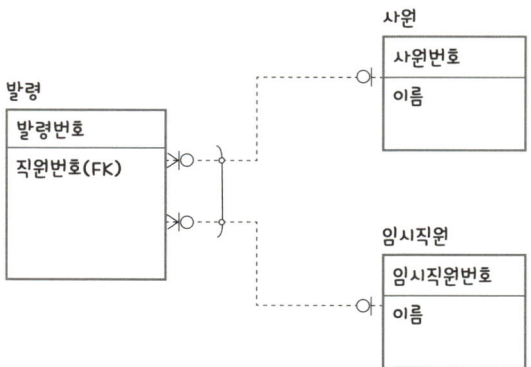

*(주의) 설정의 "아크 관계 표시"가 체크되어 있어야 아크 관계가 자동으로 표시됩니다.

[관계를 비식별관계로 연결]

01 방법 1: (비식별관계 연결) 아이콘을 클릭하여 연결하고자 하는 엔터티를 클릭하면 됩니다.

02 방법 2: 관계를 더블클릭하여 속성의 관계 유형에서 'Non-Identifying'을 선택합니다.

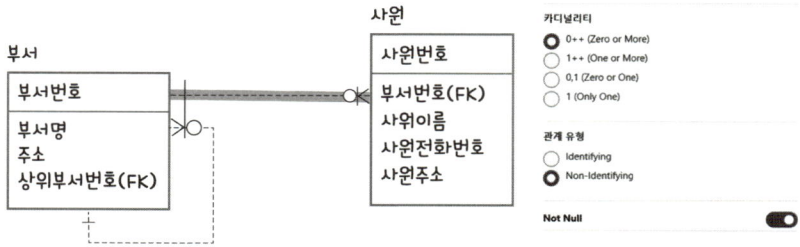

[자유롭게 연습해보기]

01 아이콘의 🗎 🔷 ↳ ↘ ↖ 를 이용하여 메인창에서 자유롭게 데이터 모델링을 연습해봅니다.

02 엔터티 아이콘을 이용하여 다양한 엔터티를 생성해 봅니다.

03 하나의 엔터티에 대해서 [F2] – [Tab] – [Enter] 키를 통해 자유롭게 엔터티명, PK명, 속성명을 지정하여 엔터티를 생성합니다.

04 세 가지 타입의 관계를 통해 자유롭게 연결해 보도록 합니다.